釣りバリ
歴史◉種類◉素材◉技術
のひみつ

魚を掛ける、形状・機能・効果・仕組みに科学で迫る!

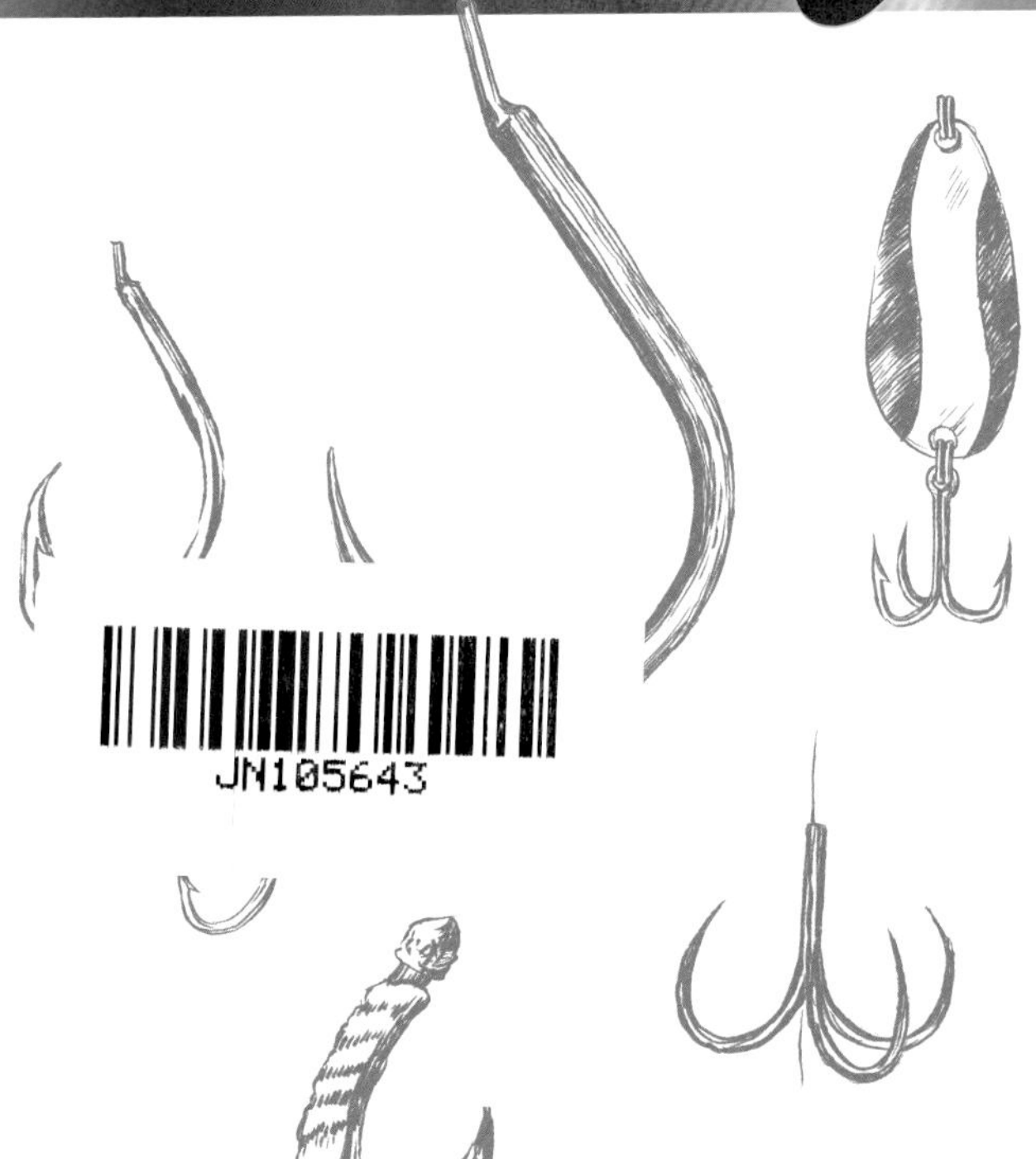

つり人社

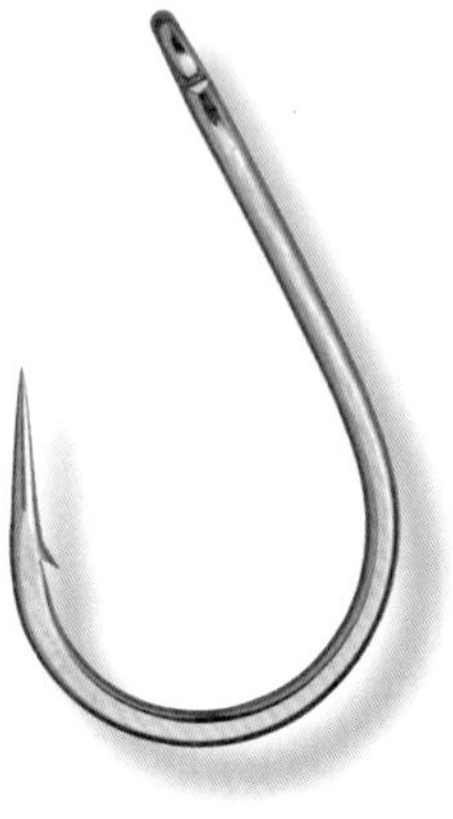

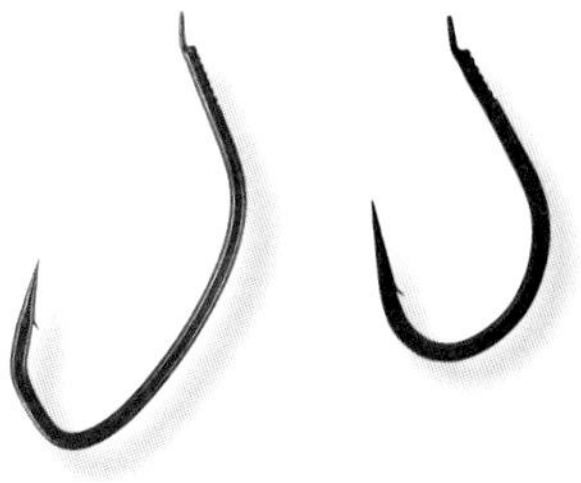

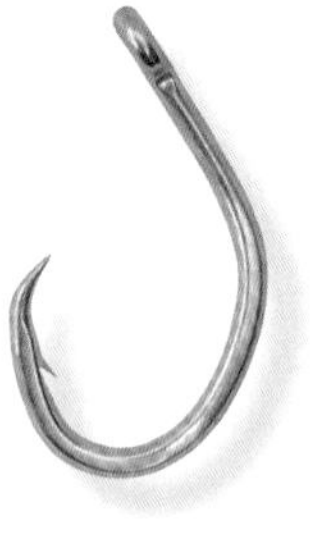

編集・構成　高崎冬樹（編集企画EEL）
装丁　神谷利男デザイン株式会社
カバー・P8イラストレーション　神谷利男
本文イラスト　廣田雅之
取材協力　株式会社がまかつ

●本書に掲載した釣りバリの写真は断りのあるものを除き実物大です。

はじめに

釣りには数多くの道具や仕掛けが存在します。なかでも釣りバリは魚との接点となる大変重要な要素です。小さなパーツではありますが、釣りバリなくしては、釣りそのものが成立しません。それだけに、一見どれも似たような形をしていても、一つ一つの釣りバリに込められた工夫や知恵は計り知れないものがあるのです。

太古の昔、人類の祖先は動物の骨などを削って釣りバリを作りました。文明が発達するにしたがって青銅や鉄などで釣りバリが作られるようになりましたが、魚を獲り食生活の糧を得る釣りバリは、依然として１本１本が非常に貴重なものであったに違いありません。日本最古の歴史書『古事記』には、山幸彦・海幸彦兄弟がお互いの猟具である弓矢と釣りバリを交換し、釣りバリを失くした山幸彦が大変難儀な目に遭う話が記されています。

時代は変わって高性能の釣りバリが大量生産できるようになった現代では、誰もが手軽に釣りを楽しむことができます。そして、釣具店には対象魚の種類、大きさ、釣り方によって何十、何百種類もの釣りバリが並んでいます。

丸っこいハリ、角ばったハリ、細長いハリ、短いハリ……釣りバリの形はさまざまです。

また同じ形でも材質、太さ、色などの違いがあったり、さらにそれぞれのハリには数種類から多いものでは10数種類ものサイズが用意されています。

日本で市販されている釣りバリは、おおむね対象魚の名前がネーミングされています。たとえばグレバリ、チヌバリ、カレイバリなどですが、それだけでも大変な種類です。釣りの対象魚の数だけ釣りバリが存在するといってもいいでしょう。

ということは、基本的には「グレを釣りたいのならグレバリを使えばよい」となりそうですが、実際はそれほど単純ではありません。同じグレという名前が付いているハリでも何種類もあり、それぞれに特徴、用途が違うのです。ハリ先の長さ、ハリ先の角度、軸の長さ、材料の太さ、特殊加工など、さらに色も加えると、すべてを完璧に理解して使い分けるのは至難の業かもしれません。実際のところ過去の経験や好みで釣りバリを選んで使っている人が多いのではないでしょうか。

本書は、釣りバリへの理解を深め、意識を高めてもらえるヒントになればという意図で企画されました。世界を代表する釣りバリメーカー・兵庫県西脇市の「株式会社がまかつ」に全面協力いただき、釣りバリの歴史から材質、形状による性能の違い、製造方法、対象魚別の釣りバリの特徴などについて、現代の釣りバリに関するさまざまな事柄を、多方面から解説しています。

本書をお読みいただき、あなたの知らない「釣りバリのひみつ」に触れることで、これからの釣りがさらに楽しく、面白くなることを願っています。

つり人社書籍編集部

1章　釣りバリの歴史

人類はいつから釣りバリを使い始めたのだろう。
和製バリの歴史は？
また現在、世界の水辺ではどんな釣りバリが
活躍しているのだろうか。

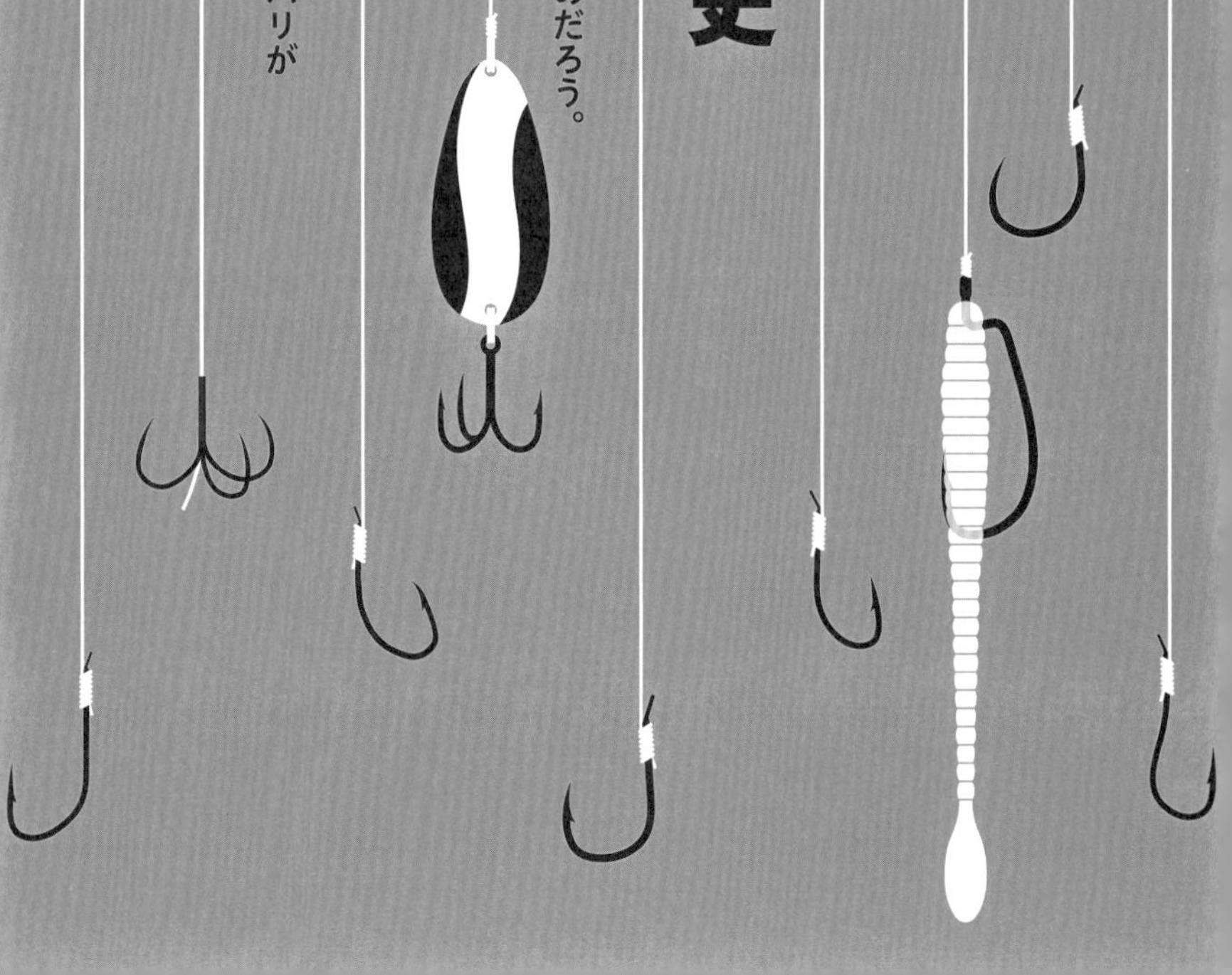

釣りバリの起源

人類はいつ頃から釣りバリを使って魚を釣るようになったのでしょうか。考古学の研究によると釣りバリの起源は後期旧石器時代まで遡るとされ、現在のウクライナから出土した動物の骨を加工したものや、東ティモールの遺跡から発掘された貝製のハリなどが知られています。近年では日本の沖縄県でも洞窟の遺跡から貝を加工した釣りバリと思われるものが魚介類の骨とともに発掘され、「世界最古の釣りバリ発見」というニュースで話題になりました。

後期旧石器時代は約3・5万年〜1・2万年前にあたり、石器が高度化、多様化し、クロマニヨン人（ホモ・サピエンス）が主流になり、他の化石人類が急速に姿を消していった時代でした。

旧石器時代から新石器時代の中間期にあたる中石器時代になると、北ヨーロッパなどでは釣りバリに進化が表われます。現代の釣りバリのルーツとも思えるフォルムが出現し、イトをしっかり結ぶための「穴あき型」など、現代の釣りバリでいう耳やタタキの構造も工夫されるようになりました。

時代が進むと素材にも変化が見られます。銅鉱石を溶かして鋳造する技術を確立した青銅

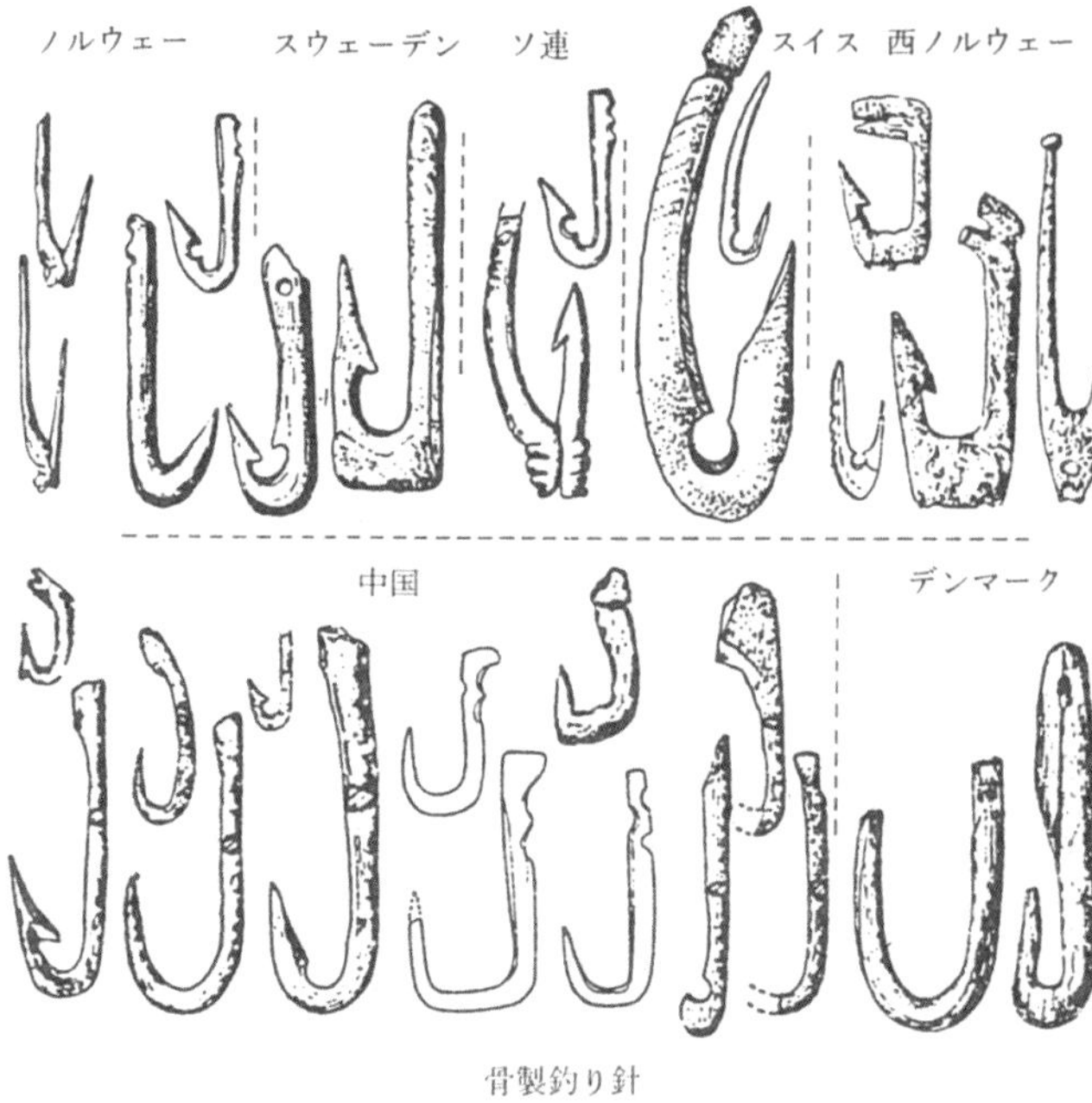

旧石器時代の釣りバリ例（勝部直達『播州針』より）

器時代に入ると、銅に錫を混ぜて硬さを持たせた青銅が用いられるようになります。東南アジアのタイから出土した青銅製の釣りバリは、推定紀元前5150～紀元前3400年頃のものとされています。さらに鉄器時代へと時代が移行すると、鉄製の釣りバリが登場します。

こうしてみると釣りバリの歴史は、素材の変化の歴史といえるかもしれません。そして近現代においては、さまざまな素材や加工技術の進歩によって釣りバリの性能が飛躍的に向上したのは、多くの釣り人の知るところです。

和製釣りバリの源流

釣りバリには数え切れないほどの型や種類があります。

たとえば日本の場合、周囲を海に囲まれ、内陸には3万5000本以上の河川を有し、南北に長く四季のあるこの国の水域には、4000種以上の魚類が生息するとされています。なかでも魚先人たちはこれらの魚を釣るためにさまざまな釣法や仕掛けを生み出しました。なかでも魚との唯一の接点である釣りバリは飛びぬけて多様化が進みます。

釣りバリは、魚種の特徴（大きさ、生態、口のつくりなど）に留意するのはもちろん、同じ魚を釣るにしても地域によって釣り方やエサなどが異なる場合、それらに適したものを使用しないと思うような釣果は得られません。また一方で、釣りが単なる食糧確保の手段から遊びとして広まっていったこともハリの多様化に拍車をかけたといえるでしょう。

釣りが日本の庶民の間で趣味として広がったのは、江戸時代といわれています。

勝部直達『播州針』（1989、播州釣針協同組合）によると、「江戸型」と呼ばれる関東で作られていた鉄バリには、明治時代中期には「角形」「丸形」「鎧形」「狐形」「袖形」「行田形」「ミコシ（三腰）形」「イナヅマ（稲妻）」「カキダシ（掻き出し）」「田邊形」「角カイヅ」

江戸型

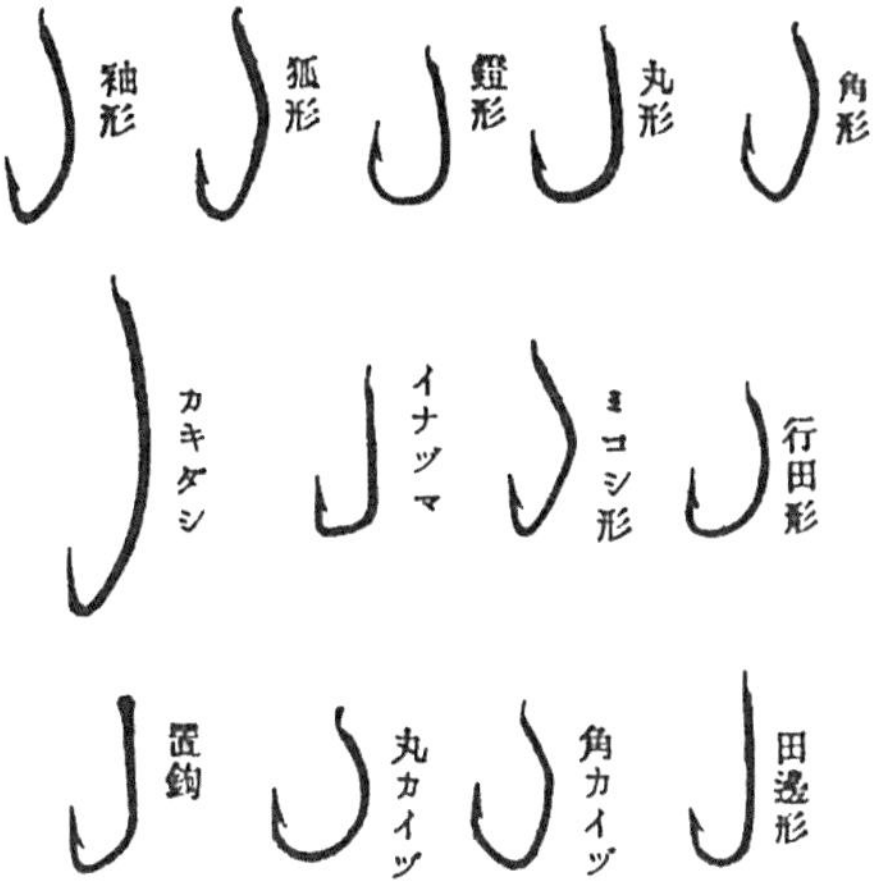

播州型

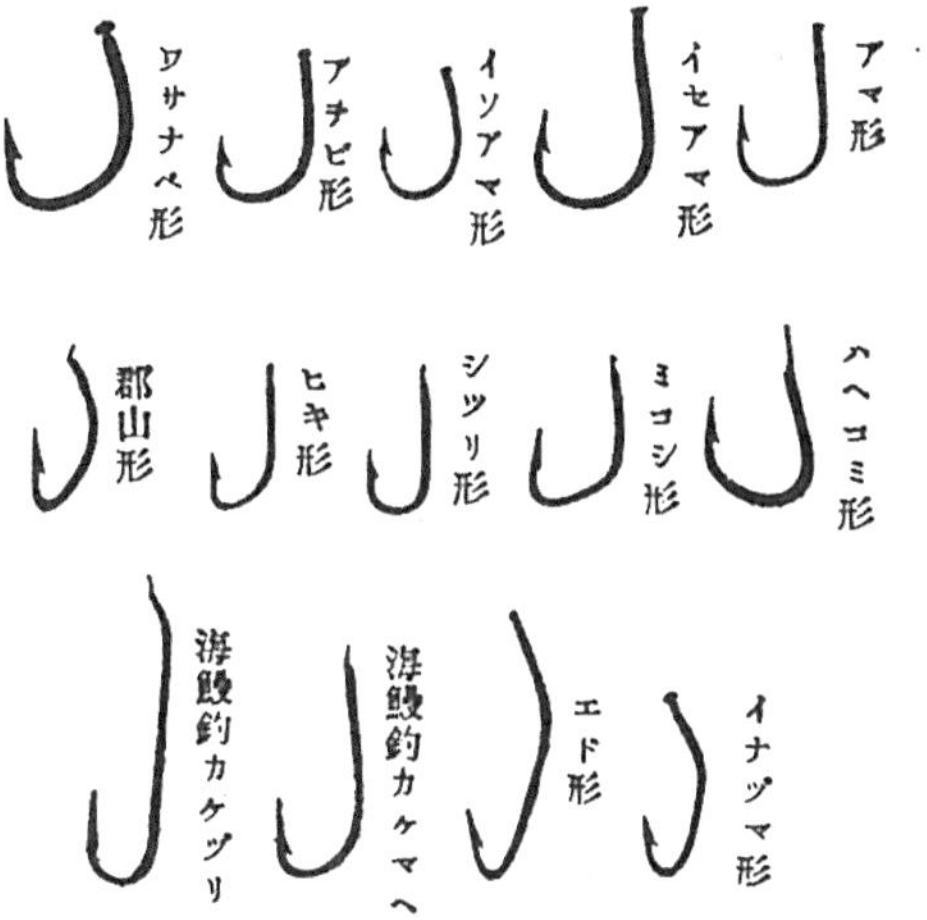

釣りバリの型例（勝部直達『播州針』より）

「丸カイヅ」「置鉤」などがあり、現在の釣りバリにもその名前が受け継がれています。また、同じく明治時代中期の播州バリには「アマ形」「イセアマ形」「イソアマ形」など現在の「伊勢尼型」の原型を見いだすことができます。

現代の釣りバリは大きく分けて「伊勢尼型」「袖型」「キツネ型」がベースになっているようですが、江戸、明治の時代にはすでにその基本形が確立していたのは驚きです。

播州における釣りバリ製造と流通の歴史

現在、兵庫県西脇市など播州（播磨地方）に釣りバリメーカーが集中していることには理由があります。

前出・勝部直達著『播州針』によると、寛徳2年〜治暦《じりゃく》3年（1045〜1067年）にかけて藤原明衡《あきひら》が著した『新猿楽記』に「播磨針」という記述があるそうです。この播磨針とは縫い針のことで、平安時代には播州で縫い針の生産が始まり、当時の名物としていたことが窺われます。

奈良時代に始まったとされる荘園制度は平安時代にピークに達します。一方で寛徳2年には「荘園整理令」が発せられ、それ以降の荘園は固くこれを禁止されました。

ハリ先と撞木の型

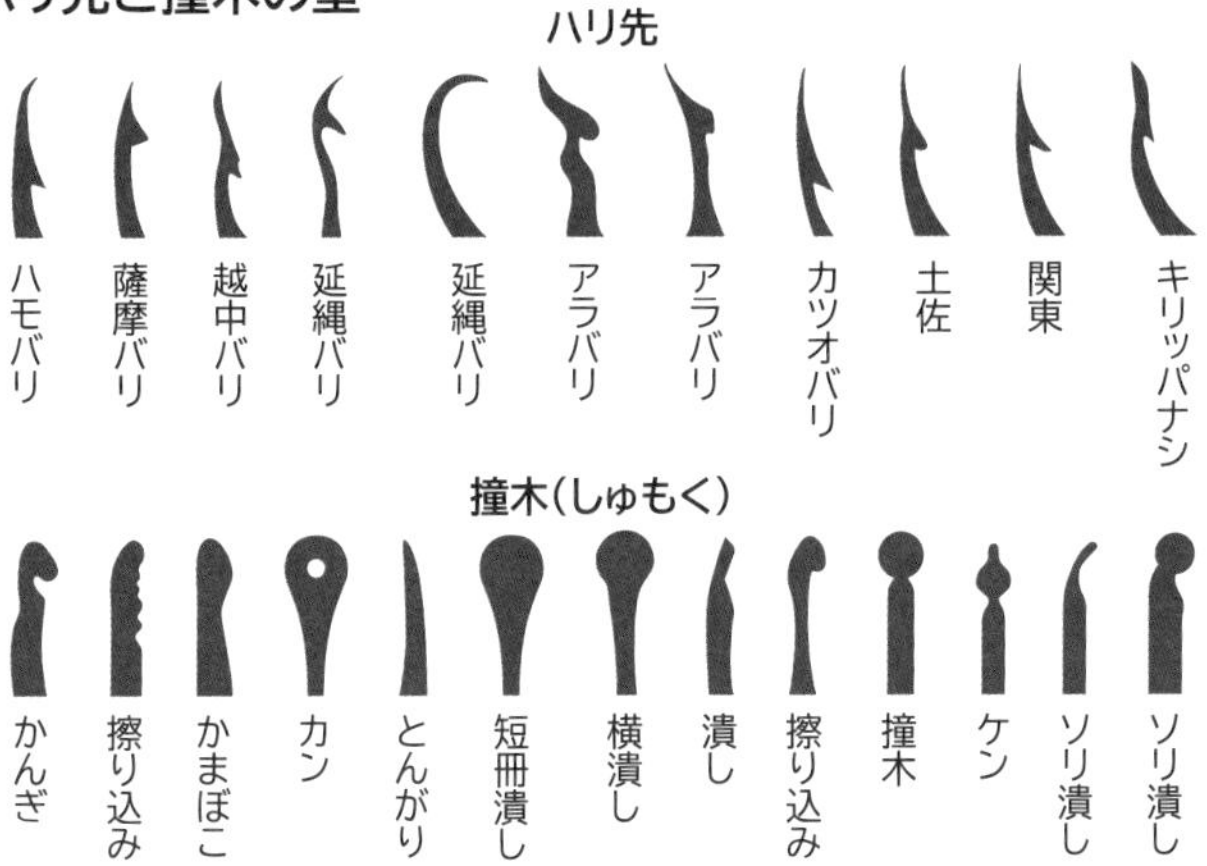

(参考:『播州針』収載「針先と撞木の型　本田勝司『漁業資材』より)

播州には黒田庄、比延《ひえ》庄、津万《つま》庄、松井庄といった京都公家の荘園だったところが実に多く、播磨針はこうした荘園で、その地主である京都貴族の指示で作られていたものと推測されています。

また、時代が下がり文政年間以降になると、比延庄の行商人たちが京都の「針所」から各種釣りバリを仕入れ、京都釣りバリ商人との間に深い交流があったそうです。

このように平安時代からの縫い針の製造技術、江戸時代後期からの行商人の活躍などが、後に播州が釣りバリ製造の中心地になっていく下地となったわけです。

ところで播州で最初に釣りバリの製造を開始したのは誰なのか？　ということに関しては諸説あります。

『播州特産金物発達史』には、「天保元年、加東郡下久米村の庄屋小寺彦兵衛という人が年三十歳の時土佐国へ行き、鍛冶屋高助方で魚釣針の製造を研究して、嘉永四年に故郷の下久米村に帰って製造を始めたのが、播州に於ける釣針製造の濫触（はじまり）であります」との記述が見られます。

さらに、「天保年間に黒田庄村岡で定右衛門と云う人が釣針の製造を開始し、続いて大門の佐兵衛、下比延の新兵衛、喜多村の清右衛門も製造を始めた」とも。

『兵庫県下釣針およびテグス製造販売聞書』によると、「天保年間、米田村久米の人小寺彦兵衛が、土佐に至って苦心の末その製法を習得して自村に伝えたということになっているが（中略）下東条村池田の人源右衛門が開祖だとのことである。彦兵衛も源右衛門について習い、後に京都へ修行に行った」となっています。

ところが比延庄の行商人・中島卯兵衛の『文政十年大福万覚帳』によれば、1827年にはすでに播州で釣りバリ製造が開始されていたことが記されています。また万屋清右衛門の『天保十五年当座帳』には、「常右衛門という釣りバリ職人がいたであろう」ともあり、播州バリのルーツをたどるのはなかなか難しいようです。

世界各地のターゲットとがまかつのハリ

話を現代に移します。かつて、がまかつでは外国製のハリの代理販売を請け負い、海外他社の釣りバリを日本で販売したことがあったそうですが、釣り人からの評価は振るわず販売提携は2年半で解消したといいます。一方海外では、がまかつ製品のハリ先の鋭さや強度、安定した品質が高く評価され、あらゆる釣りジャンルで使われています。「ものづくり大国・日本」の面目躍如といったところでしょうか。またある時期、アメリカのバストーナメントでバスプロが使っていたフックの多くが、がまかつ製品だったという話も伝え聞いています。

現在、世界で販売されているがまかつ製のバラバリ（ハリス付きではないハリ単体の製品）は兵庫県西脇市のがまかつ工場で製造、出荷されています。それらのハリをもとに、代表的な地域とターゲットを見ていきましょう。なかには日本の釣りものと同じハリが使われていることもあり、興味深いところです。

北米

アメリカで人気の淡水魚ターゲットは、何といってもブラックバスでしょう。ただブラックバスといっても現地には数種類いて、ノーザンラージマウスバス、スモールマウスバス、フロリダラージマウスバスは日本でも見かけますが、そのほかに「スポッツ」の愛称で知られるスポテッドバスやレッドアイバスなどがいます。

ブラックバスに関して、実はアメリカではエサ釣りの割合が意外に多く、またキャッチ&リリースだけではなく食べることも少なからずあるそうです。

とはいえ、釣りの主流はやはりルアーフィッシング。プラグにはトレブルフック、ワームにはオフセットフックが使われています。トレブルフックで人気があるのは「トレブルRB（ラウンドベンド）」で、日本で販売されているのと同じものです。「トレブルEWG（エキストラワイドギャップ）」も人気があります。ワーム用では「ワームEWG（エキストラワイドギャップ）」がよく使われています。

また、アメリカで人気があるワームフックのひとつに「スキップ ギャップ フック」があります。日本では見かけることがないクランク部が3箇所クネクネしているのが特徴で、これはワームを外れにくくするためのデザインです。

変わったハリでは「スピンベイト」があります。これはワームを「く」の字にセットすることを想定したハリで、ワームやミミズをセットし、リトリーブするとフックが回転してワームやミミズが激しく踊ります。特にワームは、まるで生きているかのように見えて魚

ラージマウスバス
(H/ トレブル RB)

スピンベイト
(縮小写真)

スモールマウスバス（H/ トレブル EWG）

トレブル RB

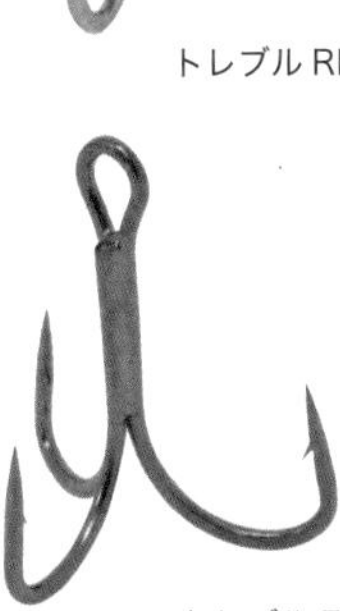

トレブル EWG

ワーム EWG

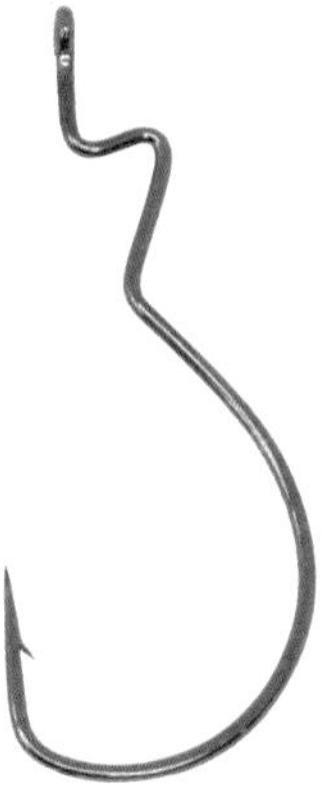

スキップ ギャップ フック

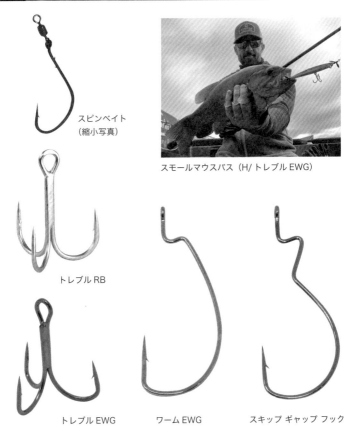

に猛アピールするのです。ロッド操作の必要がなくリールを巻くだけでオートマチックに激しくアクションさせられるので、アメリカでは人気のあるハリです。キャスティングのほか、トローリングにも用いられています。ダムの大きさが日本とはくらべものにならない北米では、釣り場の規模に対して魚が少なく、このような強力にアピールできるハリに従来から根強い人気があります。

ブラックバス以外では、レインボートラウトやブラウントラウト、サーモン、ストライパー、ウォールアイもルアーの人気ターゲットです。これらの釣りにも前記した「トレブルＲＢ」「トレブルＥＷＧ」「ワームＥＷＧ」、そして「オクトパス」がよく使われています。

また、アメリカではいろいろな釣りに対して厳格なレギュレーションが設定されており、マグロやグルーパーなどキャッチ＆リリースが前提のエサ釣りの場合は、ハリ先がハリ軸を向いているサークルフック（ネムリバリ）の使用が義務付けられている州が多く実在します。「オクトパス サークル」「ノーチラス サークル」などがそうで、これらのサークルフックは、エサを飲み込まれてもフッキングの際に口元まで滑り出てからハリ掛かりするため、喉の奥やエラなど致命傷になりかねない場所を避けることができます。リリースの際はもちろん、ラインブレイクした場合でも魚を死に至らしめることが少ないのです。

ストライパー（H/ オクトパス）

オクトパスサークル

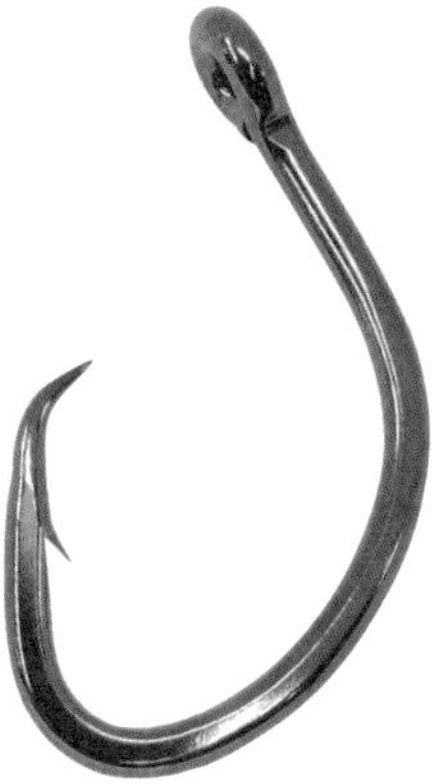

ノーチラスサークル

イエローフィンツナ（キハダ）

欧州

フランス、スペイン、イタリアなどヨーロッパではシーブリームが人気で、日本のヘダイに近い魚です。エサ釣りのターゲットで、現地の人はカニをエサにしたドウヅキ仕掛けでねらっています。中には、日本と同様の磯釣りスタイルでねらわれる方もいるようです。釣りバリは「LS‐3310」という製品がよく使われますが、これは製品名が違うだけで日本で発売されているチヌバリとまったく同じものです。

ヨーロッパではルアーフィッシングばかりではなく、エサ釣りも人気です。なかでもカープフィッシングと呼ばれるコイ釣りはトーナメントが開催されるほどです。

釣り方はヨーロッパスタイルとして日本でもファンが増えてきたボイリーという、かなり硬質なエサを用いるのが特徴です。このエサや巨大なコイのサイズに合わせて「A1スーパーフック」というハリが現地ではよく使われています。

一方で、ローチやブリームといった小魚の釣りも人気です。ローチは「LS‐1050」でウキ釣り、ブリームは「LS‐1310」でカゴ釣りの一種であるフィーダーフィッシングが盛んに行なわれています。

ノルウェー、アイスランドなど北欧の、特に北海ではトローリングで巨大なカレイの一種、ハリバット釣りが盛んです。人気のハリは「シングル60」。またスカンジナビアやアイスラ

シーブリーム

LS-3310(チヌ)

カープ

A1 スーパーフック

LS-1050

ローチ

ブリーム

コッド

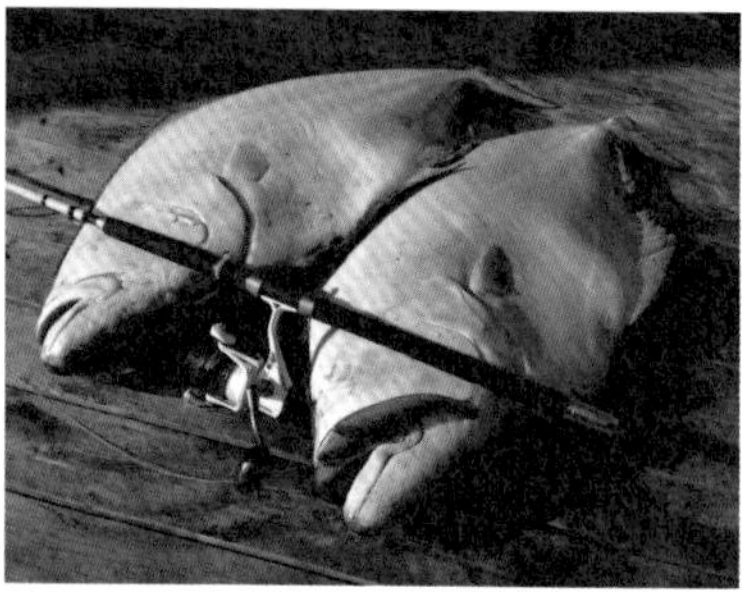
ハリバット

LS-1310

シングル 60

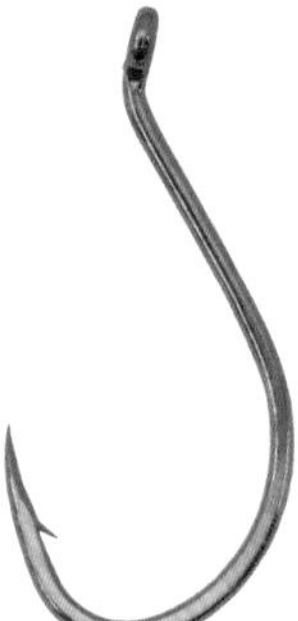
LS-5314

パイク

ザンダー

トレブル RB

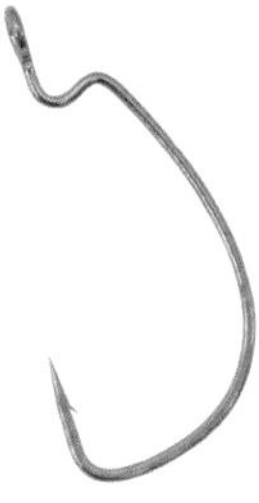
ワーム 330

ンド、イギリスの海岸ではコッドと呼ばれるタラ釣りが好まれ、「ＬＳ‐５３１４」がよく使われています。ちなみにこのハリはアメリカでのオクトパスと同じ形状です。

もうひとつ、ヨーロッパでの人気ルアーターゲットといえばパイクです。池や運河で釣れる淡水魚で、プラグでねらう場合には「トレブルＲＢ」シリーズが用いられます。また淡水の河川（比較的水の澄んだ場所）で釣れるスズキに似た体型のザンダー（パイクパーチ）は、ワームでねらう際に「ワーム３３０」が使われています。

中国、台湾

アジア各国でも釣りが盛んです。広大な大陸の中国では内水面の釣りが人気で、特に管理釣り場のコイやヘラブナ、そのほかハクレン、ソウギョ、アオウオもよく釣られています。なかでも競技のコイ釣りが賑わっており、使用されるハリは「新関東スレ」のようなヘラブナ用のハリのほか、「伊勢尼（65頁）」も需要が高くなっています。

近年は海釣りも人気です。中国東南部の海岸ではチヌ（クロダイ）もメジャーなターゲットで、ここでは日本と同じチヌバリが好まれています。

台湾ではエビ釣りがポピュラーで、がまかつからオリジナルのエビ釣り用のハリが発売されています。磯釣り、船釣りも日本と同様に人気があり、ハリも日本と同じものが使用され

ハクレン

新関東スレ

チヌ

チヌ

エビ（オニテナガエビ）

管付エビ

ています。

東南アジア

東南アジアのタイ、シンガポール、インドネシアでは釣り堀の釣りが盛んで、バラマンディやキャットフィッシュ、タマカイをねらうことができます。

バラマンディは、プラグの場合「トレブルＲＢ Ｈ」、ワームには「ワーム３１６Ｒ」がよく使われています。池によってはエサ釣りも可能で、生きエサの泳がせ釣りでチャオプラヤキャットフィッシュをねらう場合は「タマン」、タマカイは魚の切り身エサで「管付伊勢尼」が使いやすく人気のハリとなっています。

シンガポールやタイの溜め池、ダム湖、川などの淡水フィールドでは、トーマンやチャドーといったライギョの一種やピーコックバスのルアーフィッシングが盛んです。チャドーは日本のライギョよりも遊泳スピードが速く、引きが強い。そのためハリは「トレブルＲＢ Ｈ」がよく使われています。

マレーシアのロンピンでは生きエサを用いたセイルフィッシュゲームも人気で、ハリは「オクトパスフック４Ｘストロングストレートアイ」がよく使われています。

バラマンディ（H/ ワーム 316R）

タマカイ（H/ 管付伊勢尼）

チャオプラヤキャット
フィッシュ
（H/ タマン）

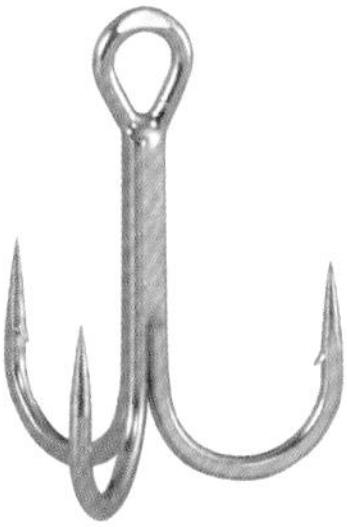

トレブル RB H

ワーム 316R

タマン

トーマン

チャドー（H/ トレブル RB H)

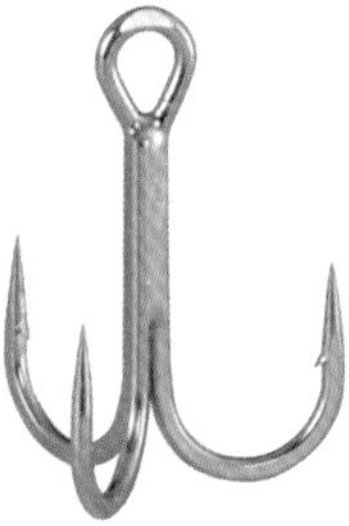

トレブル RB H

セイルフィッシュ

オクトパス 4X ストロング
ストレートアイ

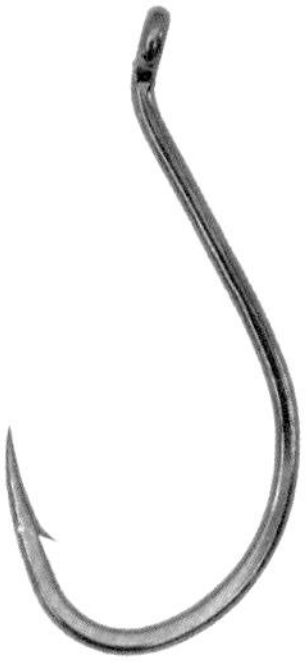

オクトパス

スナッパー

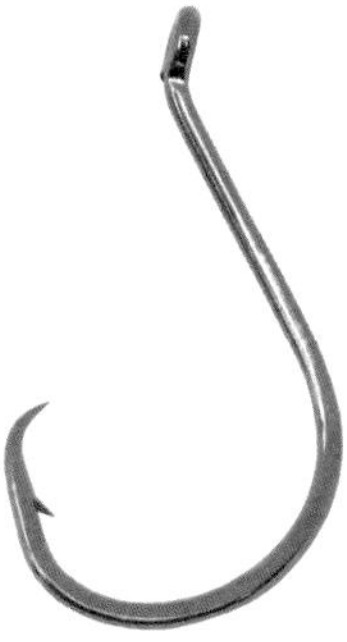

オクトパスサークル

キングフィッシュ

豪州

南半球、オーストラリアの東海岸の船釣りではスナッパー（ゴウシュウマダイ）のエサ釣りが盛んです。フックは「オクトパス」が使われます。このハリと「オクトパスサークル」は現地の海釣りでは万能バリで、キングフィッシュ（ヒラマサ）、GT（ロウニンアジ）、ツナ（マグロ）、サワラなども釣れます。

また、それほどポピュラーではありませんがジューフィッシュ（オオニベ）を釣る人もいて、これは「メガベイト」という手のひらほどもある大きなハリを使います。

まだまだ、釣れる魚の生態や習性に応じて 数限りなくハリが存在する（豪州・続き）

コーラルトラウト
（H/ オクトパスサークル）

レッドエンペラー
（H/ オクトパスストレートアイ）

ホワイティング
（H/ オクトパスサークル）

ブリーム
（H/ オクトパス）

2章　釣りバリ各部の名称と効果

釣りバリの各部には魚を釣るための
さまざまな知恵と工夫が凝らされている。
見た目にはわずかな変化や違いだが、
それは大きな効果となって表われる。

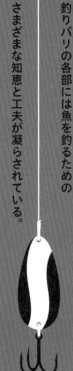

エサバリ各部の名称

釣りバリは各部に独特の名称があります。まず和製の一般的なエサ釣り用のハリから話を進めます。ハリの一番根元でハリスを巻いたときに抜けを防止する平らな部分を「耳」もしくは「タタキ」といいます。ハリスを結ぶ部分が小さな輪になっている場合は「管」（または「環」「カン」など）です。

タタキバリの場合は耳のすぐ下、ハリスを巻く部分を「チモト」、そのチモト下からカーブが始まるまでの直線部分を「軸」、そして真っ直ぐな軸が最初にカーブを描く部分を「腰曲がり」といいます。

腰曲がりに続くカエシの下までのカーブした部分は「先曲がり」。腰曲がりと先曲がりを合わせて「曲げ」と呼ぶこともあります。

その曲げに間違われやすいのが「フトコロ」です。フトコロとはハリ先と軸を結んだラインから下全体のことで、ハリ先から軸までの長さが「フトコロ幅」で、ハリ先と軸を結んだ線から腰の一番深いところまでの長さを「フトコロの深さ」といいます。

「ハリ先」は鋭く尖った一番先端部分のことです。

エサバリ

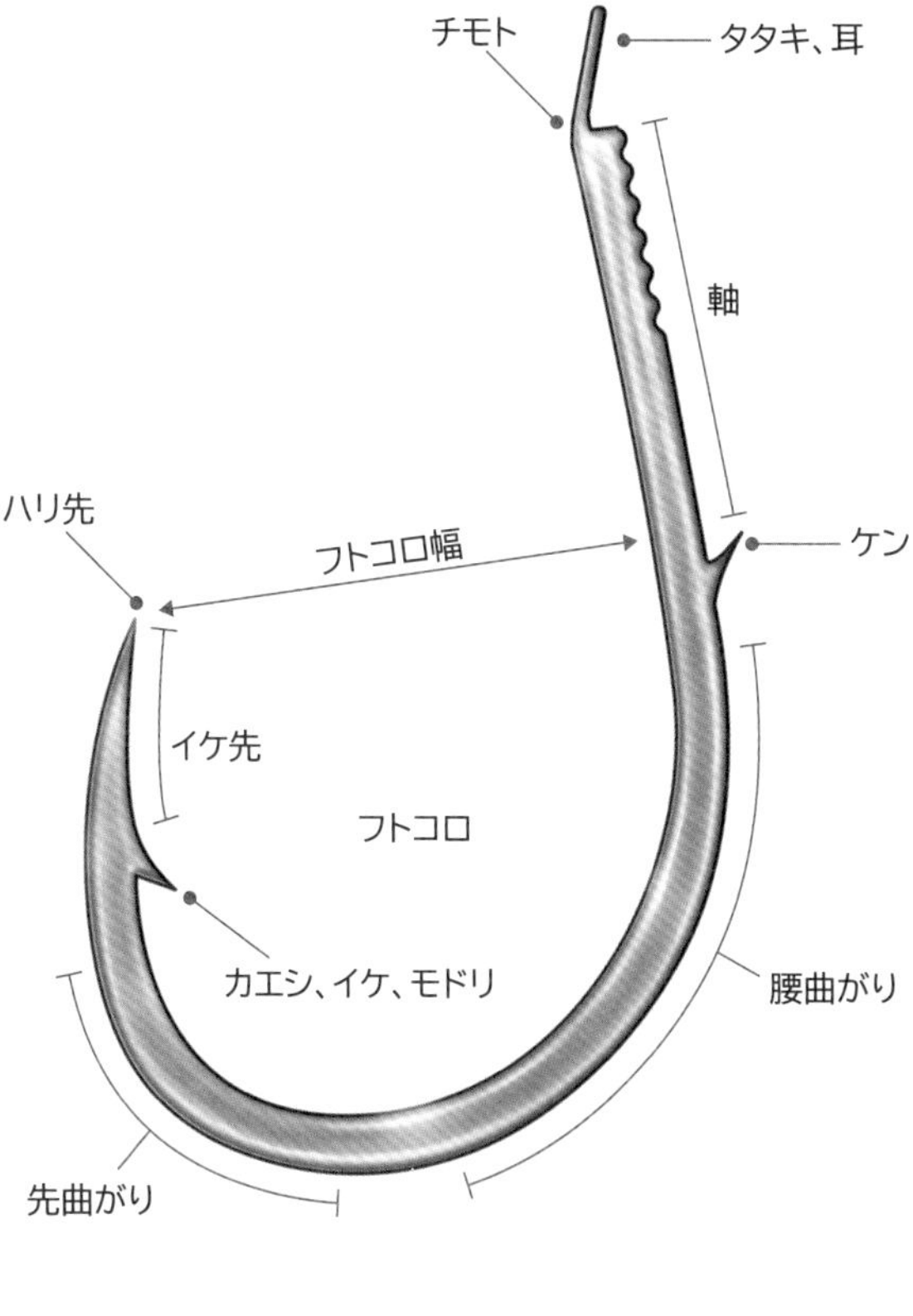
チモト
タタキ、耳
軸
ハリ先
フトコロ幅
ケン
イケ先
フトコロ
カエシ、イケ、モドリ
腰曲がり
先曲がり

ルアー&フライフック各部の名称

西洋バリのルアーフック、フライフックなどには和製バリとはまた違った各部の呼び方があります。

エサバリの管に相当する部分、つまりリーダーを結ぶ輪の部分は「アイ（eye）」です。軸に相当するのが「シャンク(shank)」、曲げは「ベンド(bend)」。ハリ先は「ポイント(point)」で、カエシは「バーブ（barb）」となります。バーブレス（barbless）はご存じのようにカエシがないハリを差します。

これらの呼称はルアーフィッシング、フライフィッシングのアングラーの方には聞き慣れたものでしょう。ちなみにワームフックなどに多いオフセットフックで、アイのすぐ下の2回曲げられた部分は「クランク（crank）」といいます。さらに、ポイントからアイまでの長さを表わす「ポイント トゥ アイ（point to eye）」のほか、ポイントからシャンクまでの長さを「ギャップ（gap）」といい、エサバリのフトコロ幅に相当します。

ワームフック
（オフセットタイプ）

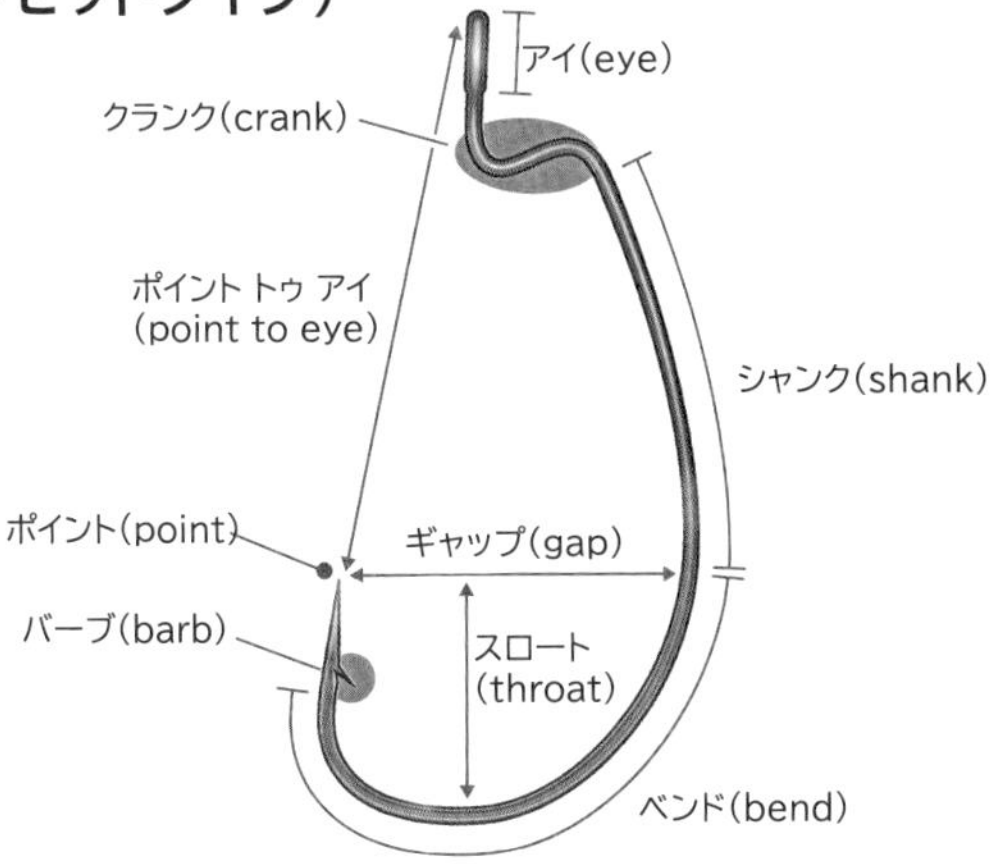

フライフック

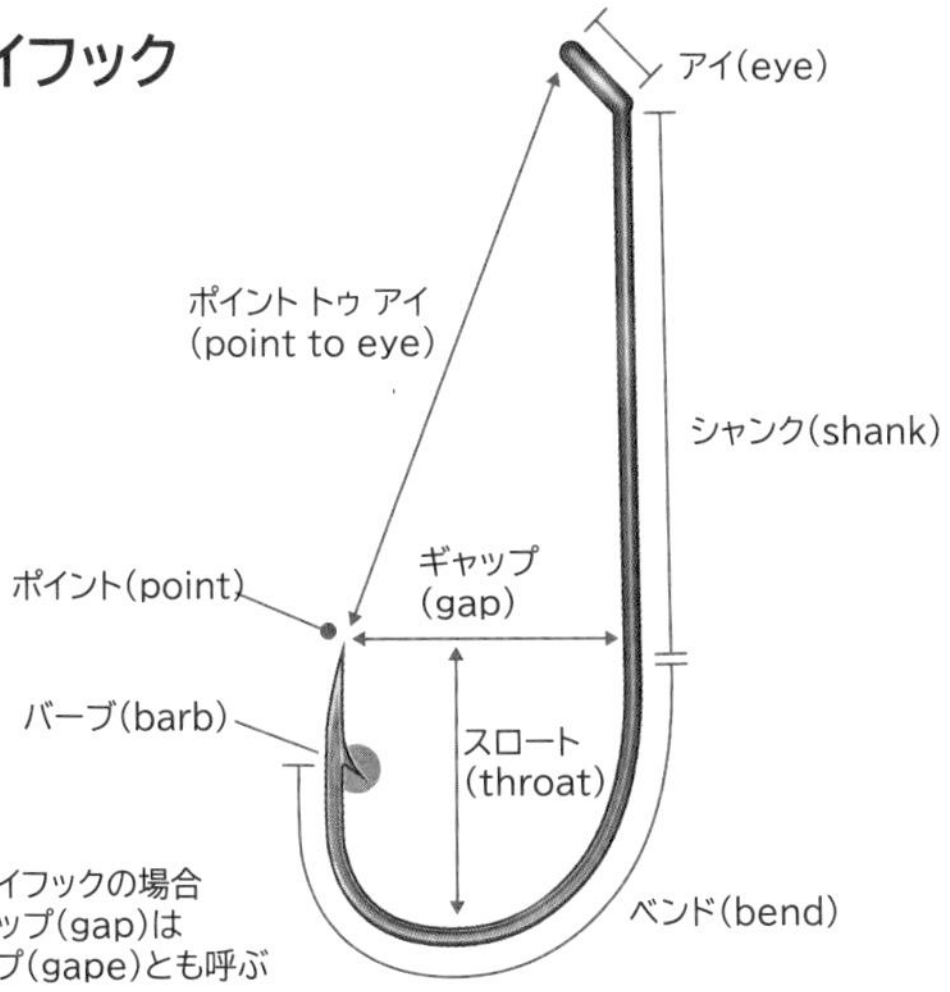

※フライフックの場合
ギャップ(gap)は
ゲイプ(gape)とも呼ぶ

耳（タタキ）、管（アイ）の種類とさまざまな工夫

●耳（タタキ）

日本のエサバリで多く採用されている耳（タタキ）は、欧米で一般的な管付きバリと比較して軽量、コンパクトで魚に与える違和感が少ないのが特徴です。しかし、リーダー（ハリス）を結ぶ際は内掛け結びや外掛け結びなどの慣れないと難しい結び方が必要で、ハリスの締め込みが甘いとすっぽ抜けてしまいます。

そのようなデメリットを解消するために、がまかつではタタキ部分内側にV字の溝を施した「Vヘッド」という結び強度アップとイトズレ防止のシステムを採用しています。

ちなみにタタキは日本の釣りバリに多く見られる形状ですが、実は中国やヨーロッパでもタタキのハリは広く使用されています。袖バリや渓流バリなどは、ヨーロッパでも盛んに使用されているスタンダードなハリです。

海外でタタキのハリが浸透した経緯として、一説には日本製のハリが輸出された際、その優れた性能から人気が出て広まったといわれています。

タタキの幅は、ハリ軸の太さに対して約2倍にするのが一般的です。タタキ幅を広げるほ

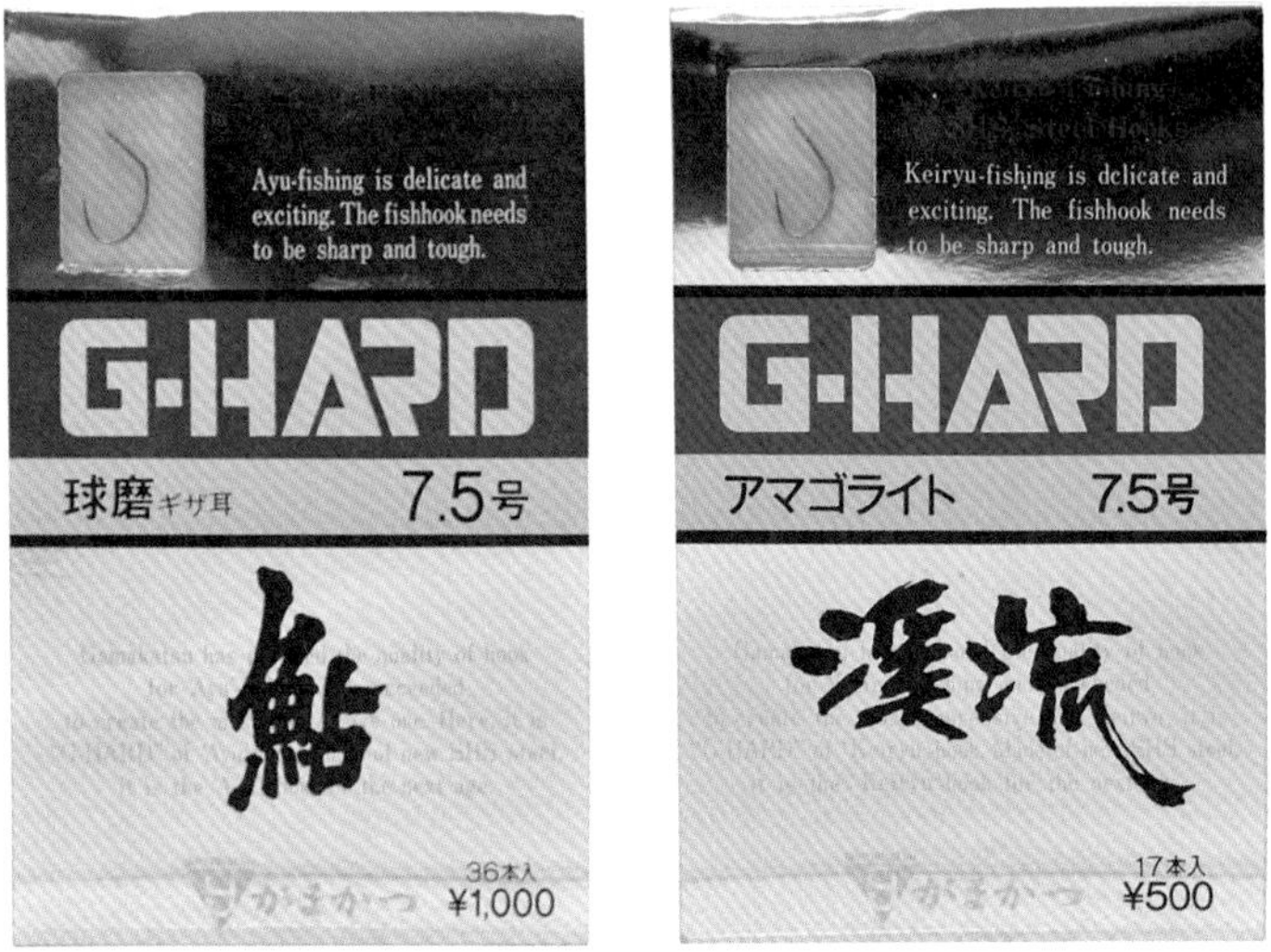

G-HARDは素材の硬さから耳が小さくカエシのないハリのみが市販された

どハリスは止まりやすくなりますが、タタキは軸の端を文字どおり叩き伸ばして作るため、広くするほど薄くなり、強度的には弱くなります。そういったことも考慮したうえで約2倍がベストとなります。

　ところが、線材の種類によってはカエシやタタキのような加工が難しいものもあります。たとえばハイス鋼のように、金属に穴を空けるドリルの刃の材料となる線材は大変硬質です。

　1990年代前半に世界で初めて登場した、がまかつ「G-HARD」はハイス鋼の釣りバリですが、耳が小さくカエシがありませんでした。

この素材は非常に硬く、摩耗に強いため夢のハリ素材ともてはやされましたが、カエシや管が作れないことから一部のハリにしか採用されませんでした。

その後、がまかつでは線材の研究を重ね、別のハイス鋼にたどり着きます。通常の高炭素鋼と同様にカエシや管、標準サイズの耳の加工が可能でありながら摩耗に強く硬質な特性を維持している次世代のハリ、それが新シリーズの「G-HARD V2」です。こちらはほとんどの種類のハリに応用可能なことから、今後いろいろな魚種の釣りで「G-HARD V2」のハリ製品が見られるようになりそうです。

このハイス鋼は製造に特殊な機械を必要とするため、いまのところ実用できているのは世界で唯一、がまかつだけということです。

使用するハリスの種類にもよりますが、結んでからすっぽ抜けない限りタタキ幅は小さいほど魚がハリを吸い込む際の抵抗が少なく、違和感を与えにくいといえます。またオキアミや虫エサを刺した際にタタキ部分をエサの内部に隠しやすくなります。

タタキ部分がハリ軸に対して外側に角度が付いているのはハリス切れを防ぐためです。真っ直ぐだと、魚が掛かったときにハリスがタタキに擦れて切れやすくなります。

タタキには、大きく分けて最もポピュラーで多くのハリに採用されている「通常タタキ」（単にタタキと呼ばれることもある）と、太いハリスを使用するハリに採用されることが多い

一般的なタタキ幅

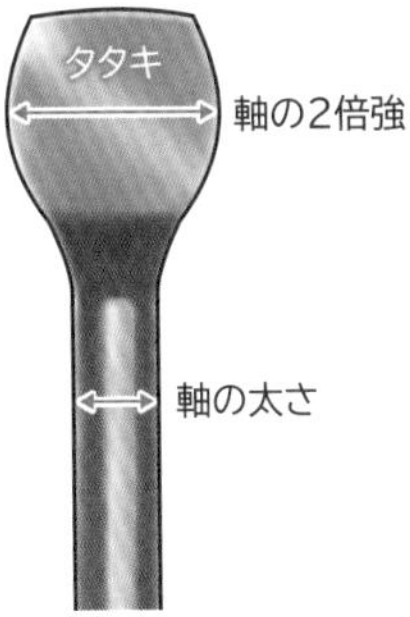

一般的な
タタキの角度

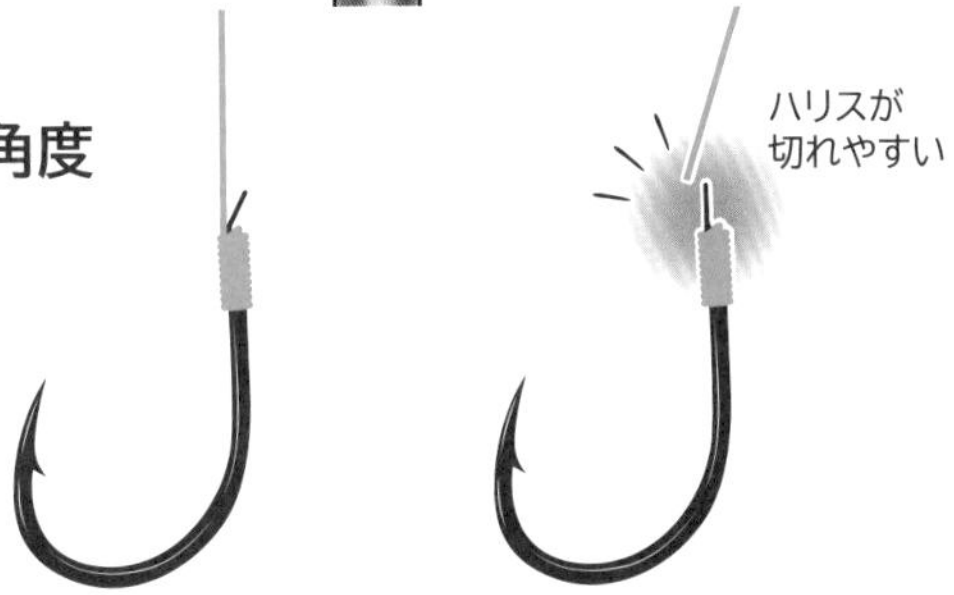

タタキは軸に対して外側に
角度がつけてある

タタキが軸に対して真っすぐだと、
魚が掛かったときにハリスがタタキ
に擦れて切れやすい

タタキ、管の例

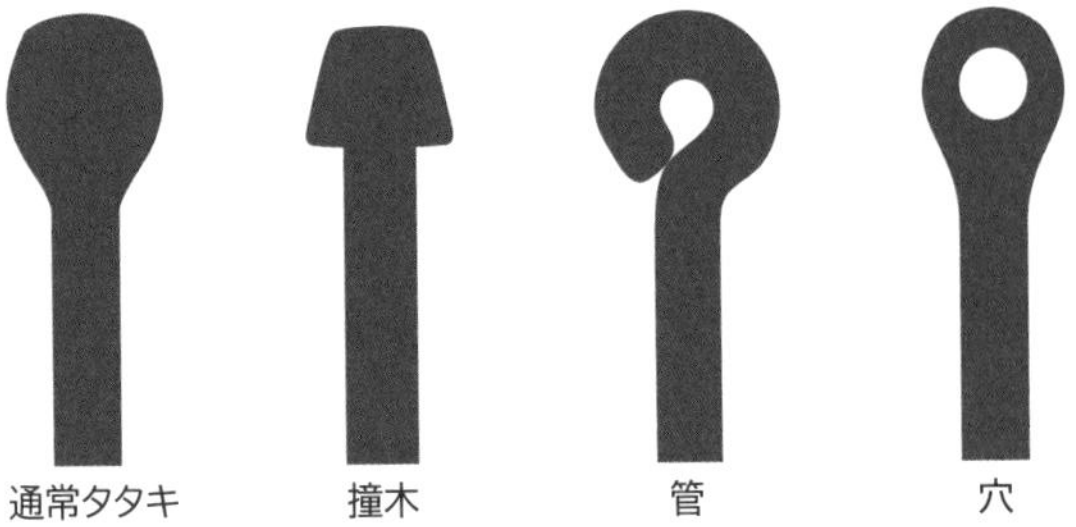

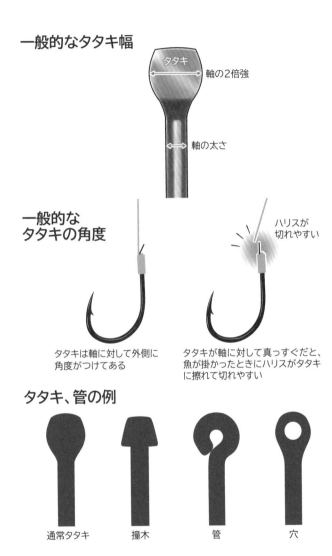

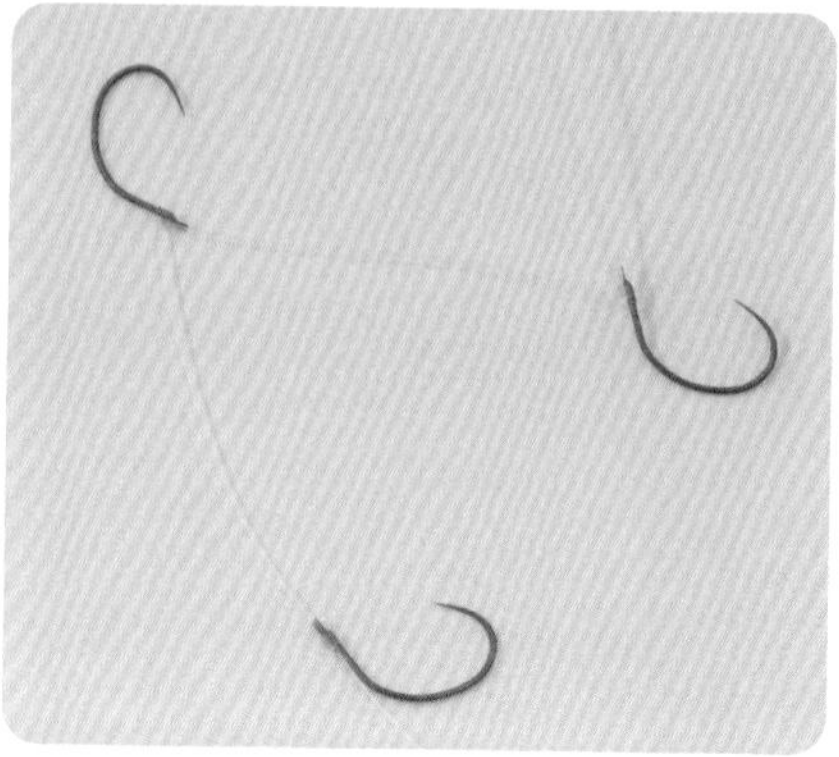

広角パワーチラシ（ハリス付き）

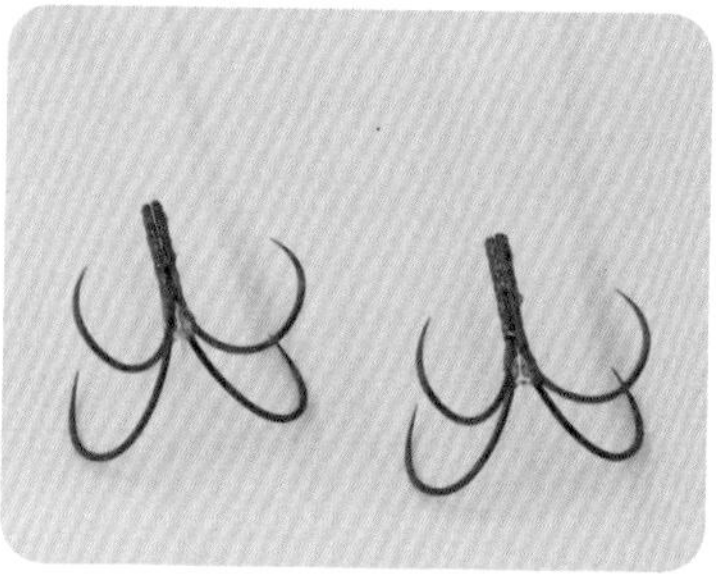

G-HARD 頂
（ハリス付き４本イカリ）
（拡大写真）

「撞木《しゅもく》」と呼ばれるものがあります。がまかつでは、通常タタキでも「ワイドヘッド」というタタキ幅を約5％広げ、太いハリスに対応できる特殊なタタキも採用しています。また、グレバリは付けエサの違和感をなくすために耳が短い「短耳」仕様となっているハリもあります。これはタタキをオキアミの中に隠しやすくするためのものです。

独特なのがアユ友釣りの掛けバリです。３本イカリや4本イカリとして使用するハリには、タタキなしの「ギザ」と呼ばれる加工（54頁「Wロックギザ」参照）が施されています。これは根巻き糸のズレ、ハリスの抜け防止のためハリ軸上部に施された、その名のとおりのギザギザ加工です。

チラシ・ヤナギ仕掛け用のハリには「丸耳」と呼ばれるプレス加工が施されています。「丸耳」はハリの外側にハリスを沿わせるチラシ仕掛けに使用するため、通常タタキのような傾斜はなく、ハリスをハリの外側に沿わせるのに適した形状になっています。

●管（アイ）

ルアーフックやフライフックに採用されているアイ（管）はリーダー（ハリス）をその穴に通して結ぶため、タタキと比較して結束部分のすっぽ抜けが起こりにくく、太いリーダーでも結びやすいのが特徴です。またエサ釣りでも大もの用のハリに管が採用されているのは、このためです。その反面、使用する線材量がタタキのハリにくらべ長くなるので、同じ線径、形状のハリでも重く大きくなり、魚がくわえ込んだときに与える違和感は大きくなってしまいます。さらに管にリーダーを直接結んだ場合、ハリとリーダーの角度がぐらつき一定に保てないため、ハリ本来の貫通性能をフルに発揮できないことがあります（この問題の解消法は9章232頁参照）。

日本のエサバリでも「管付チヌ」など管を採用したハリがあるのは、基本的に外掛け結びなどが苦手なユーザーにも使ってもらえるようにという配慮からですが、フロロカーボンやナイロンのようには結べないワイヤ等を使用するタチウオ釣りなどでは多用されます。

イシダイバリのようにプレス部分に穴を空けたハリもあります。単に「穴」と呼ばれることが多いのですが、これはワイヤやケブラーなど擦れてもなかなか切れないハリスを使用するのを前提で作られています。「クエ（モロコ）」という大もの用のハリの穴は、ケブラーのイト切れを防ぐために穴の両側に面取りを施してあります。

軸の長短、太細について

まず、単純に軸の長短でハリの重さが変化します。軸が長いハリは重く、短いハリは軽い。またハリにイトを結んだ状態でハリが引かれる方向と、ハリ先の延長方向との間にできる角度、すなわち「ハリ先角度」も変化します（59頁図参照）。

軸が長くなるほどハリ先角度は小さくなり、貫通性能はアップしハリ先にアワセの力が伝わりやすく、魚の口元を貫きやすくなります。逆に軸が短いほどハリ先角度が大きくなり、貫通性能はダウンしアワセに大きな力を必要としますが、魚の口に触れやすくなり、すっぽ抜けが少なくなります。

グレ（メジナ）用のハリを例に挙げると、口元で掛けてハリス切れを回避する必要がある

A1 短グレ
（拡大写真）

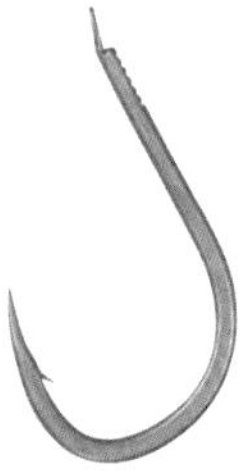

A1 口元尾長
（拡大写真）

尾長グレのハリは軸が長く、より軽いハリを違和感なく飲み込ませて釣ることが釣果につながる口太グレのハリは軸が短くなっています。

このように、対象魚の特徴や習性を考慮してハリ軸の長短が決められている場合以外にも、長い虫エサを使用する投げ釣り用のハリなどは、エサをしっかり刺せるという目的からハリ軸は長くできています。ワームをセットするワームフック、ジグヘッドなども軸の長いフック形状になっています。

余談ですがカンナと呼ばれるイカを釣る餌木のハリは、餌木本体をハリの軸に見立てるとハリ先角度が非常に小さい長軸のハリとなり、外向きのハリ形状であっ

宵姫 AJ カスタム

セオライズ
オフセット WG-M

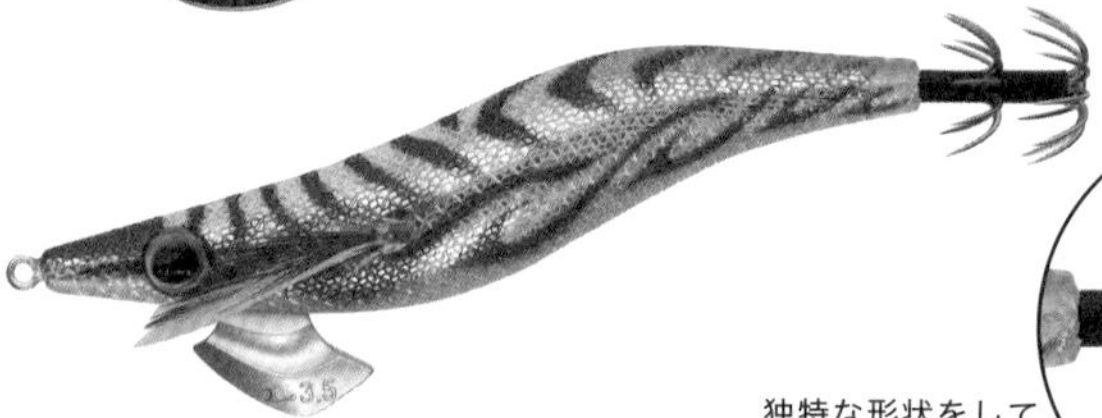
エヴォリッジ
(縮小写真)

独特な形状をしている餌木のハリ

てもしっかり刺さる設計になっています。
　ハリ軸が太いか細いかでは、太軸のハリほど重くなるのは当然として、太くなるにつれて強度もアップします。
　また、ここで注目したいのはハリ掛かりしてからの身切れについてで、細軸のハリほど身切れしやすく、太軸のハリほど身切れしにくくなります。たとえばアユ友釣りの掛けバリで身切れ軽減のメリットは太軸に軍配が上がります。
　ハリの貫通性能は基本的に線材の断面積が小さい細軸のハリが優位ですが、細軸のハリほど力が掛かった場合にタワミが発生しやすく、必ずしも刺さりやすいというわけでもありません。また細軸のハリは軽く、いわゆるケラレというアユの背中にイカリが触れるものの、ハリ先が刺さり込まずに弾かれる現象も増えます。言い換えれば太軸のアユバリほど自らの重量でケラレが少なく、ハリ掛かりした後の身切れも発生しにくくなりますが、オトリと呼ばれる生きたアユにセットするため、オトリへの負担、泳ぎなどへの影響も考慮し、その時々にマッチする太さのハリを選ぶとよいでしょう。

グレやチヌのフカセ釣りでも太く重いハリは魚の食い込みが悪くなる傾向にあるので、潮の速さやねらうタナにマッチする太さのハリを選びたいものです。たとえば全遊動仕掛けで深いタナまで早くエサを届けるために、あえて「層《たな》グレ」という太軸のハリが考案されました。また同じ全遊動でも、可能な限り仕掛けをゆっくり落としたいときに、がまかつの磯バリのなかでも最細軸の「Ｔ１ファイングレ」を使うなど、そのときの優先事項で使用するハリの太さを使い分けると釣りの幅が広がります。

また、ハリ軸の太さでエサの刺しやすさも変化します。一般的に細軸のハリほどエサは刺しやすくなります。

フトコロ、ベンド（曲げ）について

一般的にフトコロ幅が狭いハリは身切れが起こりやすく、広いハリほどキープ力は高くなります。

キスバリやカレイバリなど、投げ釣り用のハリはおおむねフトコロが狭いですが、これはキープ力よりも魚の口の中への吸い込まれやすさを優先しているからです。対して魚体にハリを掛ける友釣り用のハリは、掛かりやすさ＋身切れを防ぐためにフトコロ幅が広く設計されています。強度的にはフトコロ幅が狭いほうが強くなります。

また、フトコロが深いほうがキープ力は高く、浅いほどハリが外れやすくなります。友釣り用のハリで早掛けタイプのものは、ハリ先が短く掛かりが早い傾向にあります。

そのフトコロを形成するのは「曲げ」ですが、曲げのパターンについては明確な呼称があるルアーやフライフックのベンドを例に説明します。

ベンドには大別してリテイナーベンド、ラウンドベンド、スプロートベンドの3パターンがあります。

これらはシャンク（軸）を垂直にしたとき、フトコロ幅のセンターに対して、フトコロ最深部がどちら側にあるかが分類の基本です。最深部がフトコロ幅のセンターよりシャンク寄りにあるものがリテイナーベンド、ポイント（ハリ先）寄りにあるものをスプロートベンド、フトコロ幅のセンターと最深部が同じ位置にあるものをラウンドベンドと呼びます。特徴としては同じ軸、同じポイント位置のハリと仮定し、魚が掛かり負荷が掛かったとき、よくた

ベンドの種類

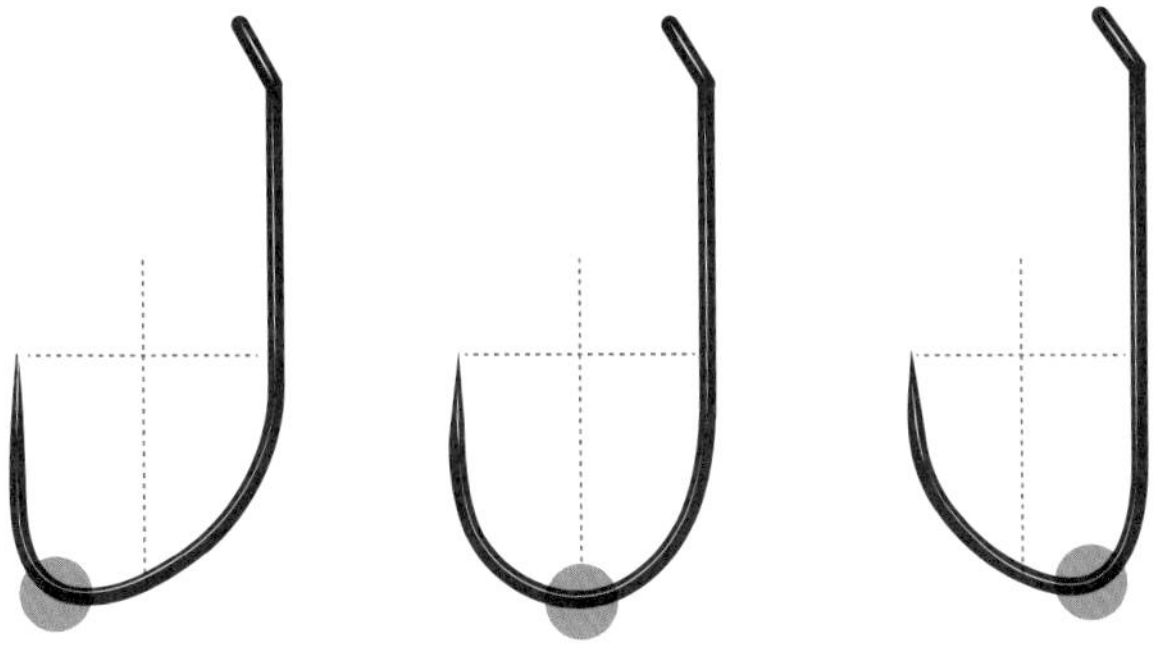
フトコロの最深部がハリ先寄り
ラウンドベンド
フトコロの最深部はほぼセンター
フトコロの最深部が軸寄り

わんで粘るためハリが折れにくいのがスプロートベンド、逆にたわみが小さく折れやすいのがリテイナーベンドです。逆にいうとスプロートベンドのハリは伸びやすく、リテイナーベンドのハリは伸びにくいということになります。

またハリが魚に刺さり込んだとき、身を保持する部分、つまりハリ先からフトコロ最深部までの距離が長いリテイナーベンドのほうがキープ力が高くなり、ハリ先まで長い分、ハリが抜けにくくなります。ラウンドベンドは、すべてその中間です。

たとえば青ものをメインターゲットにした「ジギングフック貫《つらぬき》」はバレにくさを優先したリテイナーベンドです。折

R10-B
（拡大写真）

ジギングフック貫

R19-1FT
（拡大写真）

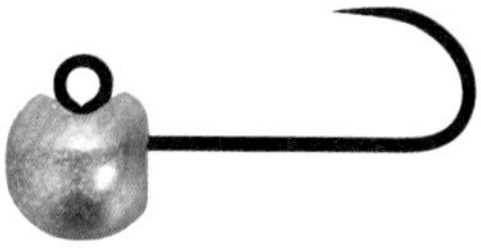

ミニフットボール

れ対策として太軸にすることで強度を出しています。ほかにもライトゲーム用で太軸のジグヘッド「ミニフットボール」やフライフック「R10-B」「R19-1FT」は、いずれもバーブレスでありながらバレにくいようにリテイナーベンドを採用しています。

日本のエサバリでは一部のカワハギバリや餌木のカンナなどを除いてリテイナーベンドは少なく、ほとんどがラウンドベンドかスプロートベンドです。グレバリなど磯用のハリは、極端ではないもののスプロートベンドです。

カエシ（バーブ）について

日本国内での釣りバリのカエシは、エサ釣りもルアー釣りも「半スレ（マイクロバーブ）」と呼ばれる小さなカエシが付いたハリが多くなる傾向にあります。逆に海外、特にアメリカでは大きなカエシが好まれます。

アメリカではブラックバスのようなルアーフィッシングが盛んで、磯ザオのように5mを超える長ザオを使用する文化が少なく、ファイトの際、魚のテンションが抜けやすいため大きなバーブが好まれるという話でした。

カエシの機能は掛かった魚を外れにくくすることです。基本的にカエシが大きいと掛かった魚は外れにくいですが、刺さりにくさも増します。また取り込んだ魚からハリを外しにくいのもカエシのデメリットです。

アメリカで大きなカエシが好まれるのは、たとえば同じブラックバスを釣るにしても、タックルは日本と比較してヘビーです。またアングラーの体格も違い、カエシの大きなフックでも超パワフルなアワセでしっかりフッキングできるのでしょう。

カエシには刺したエサをズレにくくするという目的もありますが、一方で虫エサや活きエビなど生きたエサへのダメージも大きく、エサが弱りやすくなり、またオキアミなどの冷凍エサでもハリ穴が広がってしまいます。

カエシがあると魚に刺さりにくいのは、カエシ部分の断面積が広くなるからです。しっかり合わせたつもりでもやり取りの途中でバレたり、タモ入れ直後にハリが外れたりするのは、ハリがしっかり刺さり込んでいないのも原因のひとつです。カエシが大きいと、こうした事例が多くなります。またアジなど口が軟らかい魚を掛けた場合には、カエシの分だけ貫通穴が大きくなり、ハリ外れの原因になります。

柔軟な専用ザオに伸びのあるナイロンラインを使用する磯のグレ釣りでは、アワセの力が魚に伝わりにくく、その点ではカエシがないスレバリや、カエシが小さい半スレのハリがより刺さりやすいということになります。実際にスレバリを使う人の割合は多くはありませんが、魚の動きに追随する柔軟なタックルを使用するグレ釣りでは、極端にテンションを緩めない限りカエシがなくてもハリは外れにくいものです。

柔軟な長ザオ、長い仕掛けを使う友釣り用の掛けバリがすべてスレバリなのも同様の理由です。ただしアユ釣りの場合は、掛けたアユをオトリとして使用するため魚へのダメージを最小限にしなければならないという大きな理由もあります。

カエシは線材に切り込みを入れて成型するため、ハリ先に負荷が掛かった際にカエシ部分から折れる可能性が高くなります。魚が掛かるとハリが開く方向（外側）に力が掛かるので、本来は外側に切れ込みを入れカエシを外側に出すほうが強度的には優れます。樹木を伐採する際、より小さな切れ込みで倒しやすくするために倒す方向とは逆方向から斧を入れるのと同じ原理です。

外側にカエシがあるアウトバーブのハリも一部に存在しますが、ほとんどのハリでカエシが内側にあるのは、「カエシが外側にあると手に触れる率が高く指先を切りやすくなるから」という理由があるのかもしれません。

また、エサズレ防止の目的でケン付きバリがありますが、ほとんどの場合、真っすぐな軸の上のほうにケンが付いています。そこがハリのなかで最も折れにくい場所だからです。短軸のハリだとケンは1箇所が限界ですが、流線バリなど軸が長いハリではケンが2箇所にあるWケン付きバリも存在します。

キャッチアンドリリースが徹底しているヘラブナ釣りでは、スレバリの使用が大前提です。管理釣り場のトラウトフィッシング（ルアー、フライ）や、自然の釣り場のフライフィッシングでも、施設でのレギュレーションやゲームフィッシングとしての精神からスレバリ＝バーブレスフックがよく使われます。

その他の精密加工

チモト、アイなどの軸加工（各呼称はがまかつのもの）

●タイトシャンク　アユ友釣りの3本イカリ、4本イカリを組んだときのハリ倒れ（型崩れ）を防止する軸部の精密加工で、隣り合うハリ軸同士の側面が支え合うように3本イカリ用＝120度、4本イカリ用＝90度で角度が付いています。「ナノスムースコート」など滑りやすい表面加工のハリで特に威力を発揮。同様の目的で開発された従来の「タイトウェッジ」という加工にくらべ、さらに50％倒れ強度がアップしています。

●タイトウェッジ　アユ友釣りのイカリのハリ倒れを防止するため軸部を楕円に近い形にする加工です。従来の丸軸のままのハリにくらべハリの回転が発生しにくくイカリ形状が安定し、イカリの耐久性がアップします。またイカリ形状が崩れた場合でも復元効果があるといいます。「タイトウェッジ」は3本、4本イカリ共用ですが、この機能をそれぞれに特化させ、より倒れ強度を向上させたのが「タイトシャンク」です。「タイトウェッジ」には「Wロックギザ」加工も併せて採用されています。

●Wロックギザ　「ナノスムースコート」登場以前、アユ友釣り用イカリバリで主流だった軸部の加工です。軸部の内側と外側にギザを入れ、ハリスと根巻きイトをがっちり固定し、簡単に強度があるイカリを組むことができます。根巻きイトが当たる外側のギザは粗く（大ピッチ）、ハリスが接する内側は密（小ピッチ）にギザが入っています。

●**ぐるピット**　アユ友釣りの逆バリ（サカサ）に採用。ハリスを巻き付け管に通せば摩擦力だけで固定できる機構。従来のハリス止めのようにハリスを押しつぶすことがないので強度ダウンを軽減しハリス切れを防ぎます。また軸後方に真っすぐハリスが出せるのも特徴です。

●**マジックアイ**　ルアー用トレブルフック、シングルフックのアイに採用されるプレス加工。アイ先端に角度を付けることで、スプリットリングの隙間に入れやすくリングの変形を最小限に抑えます。

カエシ、モドリの加工

●**凄キープ**　カエシに当たる部分にプレス加工による段差を付けることで、スレバリの手返し（掛かった魚の外しやすさ）と、カエシ付きのハリのバレにくさを兼ね備えた従来にないハリ先加工。サビキ仕掛けのハリに採用され、万が一手や衣服にハリが刺さっても簡単に抜けるのでファミリーフィッシング、子供でも安全に釣りができます。アユ友釣りの逆バリにも採用されています。

タイトシャンク（４本イカリ）

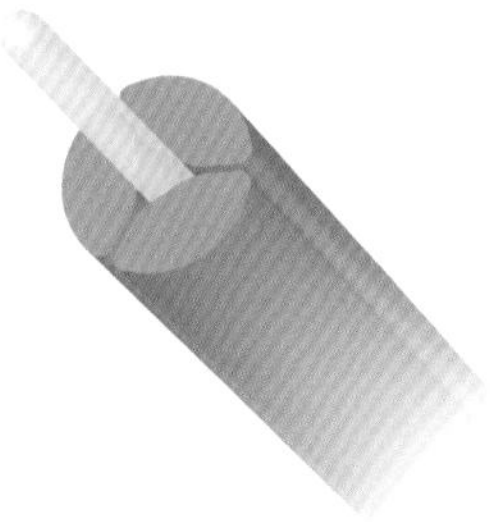

タイトシャンク（３本イカリ）

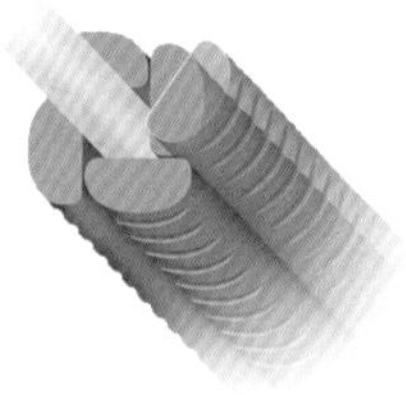

タイトウェッジ

Wロックギザ

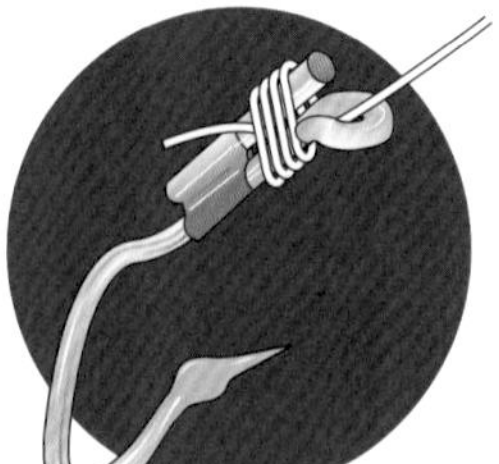

ぐるピット

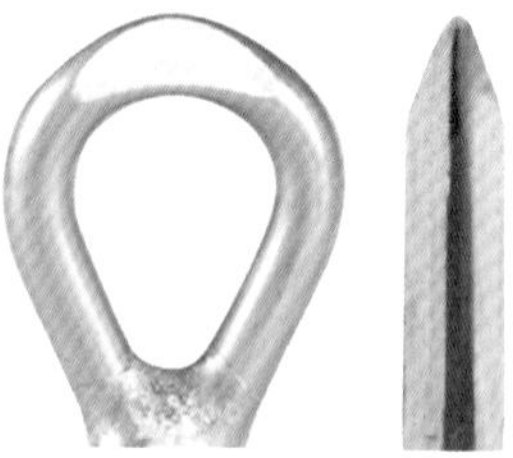

マジックアイ

ハリ先部（ネムリ、ヒネリ）について

サークルフックなどネムリのきついハリでもフッキングするのはなぜ？

まず原則として、釣りバリの「ハリ先角度」の考え方を理解しておく必要があります。ハリ先角度とは、ハリにイトを結んだ状態で、ハリが引かれる方向とハリ先の延長方向の間にできる角度のことです（59頁図）。

ハリ先の延長方向がイトの結節部分に近付くほどハリ先角度は小さくなります。ハリ先角度が小さくなると、魚の口元に掛かりやすく、歯の鋭い魚でもハリス切れを起こしにくくなります。またアワセの力が伝わりやすく、軽いアワセでもしっかり刺さり込みます。一方、ハリ先角度が大きなハリは魚の口奥に掛かりやすくスッポ抜けが少なくなります。しっかり合わせる必要がありますが、がっちり刺さり込み、身切れが少なくバレにくいのが特徴です。

ハリ先角度は、ハリ先の向きだけではなく、軸の長さも関係します。曲げからハリ先まで同じ形状でも、軸が長くなるとそのぶんハリ先角度は小さくなります。逆に軸が短いと、ハリ先角度は大きくなります。使用するハリを選ぶうえで、このことを理解しておくことが重要です。

それでは、ハリ先が極端に内側を向いたハリ、すなわち極端にハリ先角度が小さいハリ、一見掛かりにくそうなネムリ形状のハリでなぜ魚を掛けることができるのでしょうか。

たとえば「A1あわせちゃダメジナ」というハリは、ハリ先が極端にネムっているにもかかわらず魚を掛けることができます。これは漁師さんの延縄漁にネムリバリが多用されるのと同じ理由です。

ハリが口奥にあるときはハリ先が身に対して刺さりにくい方向に向いており、ハリ掛かりの可能性は低いですが、口奥を滑って口元まで出てきたときにハリ先の向きが変化してハリ立ちが起こります。アワセを入れず、向こうアワセで掛かるのを待つのはこのためです。早いタイミングのアワセではまだ口奥にハリがあるのですっぽ抜けますが、魚が反転してハリが口元にきた状態になると、ハリ先と身が初めて触れることで口元に掛かります。このときハリのチモトが口の外に出るため、尾長グレなど歯が鋭い魚に対して有効なのです。

また、ネムリバリは一旦掛かるとなかなか外れにくいという特徴もあります。投入から回収までに長時間かかり、全長が何㎞にも及ぶ延縄仕掛けにネムリバリが多用されるのは、このためでもあります。

ハリ先角度

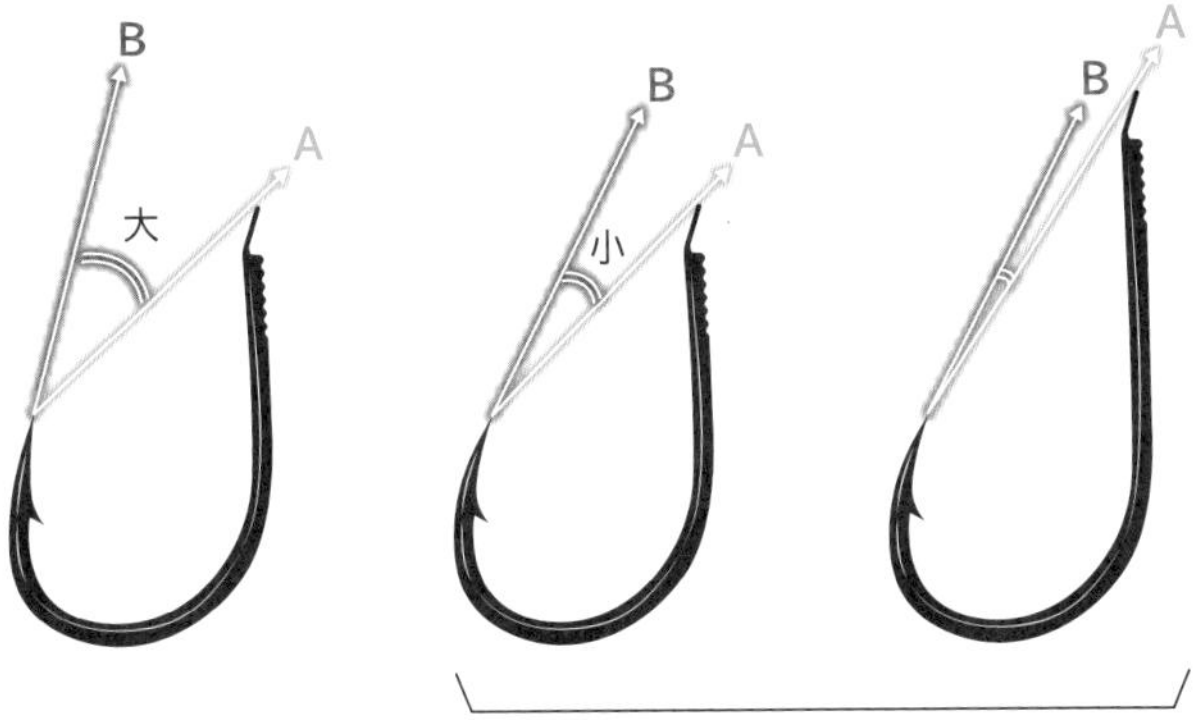
B
A
大
B
A
小
B
A

A＝ハリが引かれる方向
B＝ハリ先の延長方向

ハリ先が同じ形状でも軸が
長くなるとハリ先角度はより
小さくなる

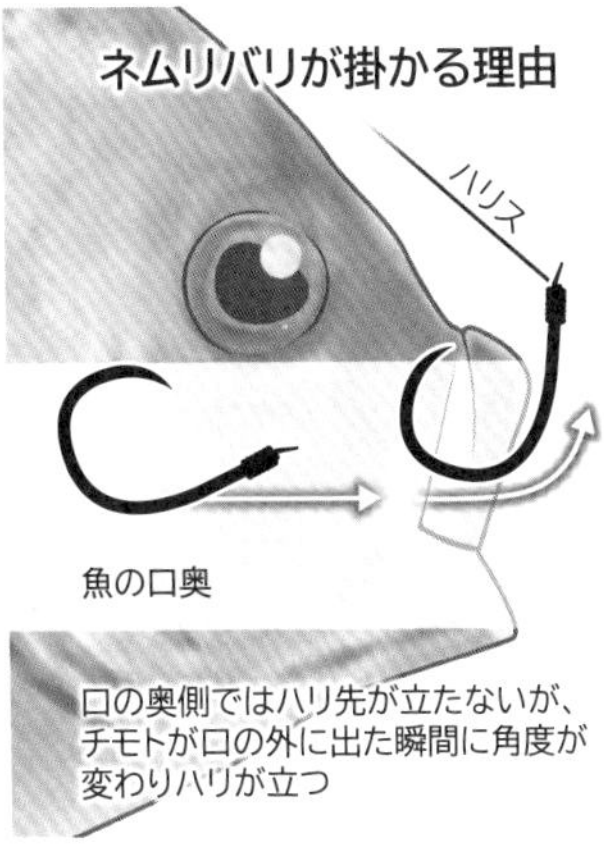
ネムリバリが掛かる理由
ハリス
魚の口奥
口の奥側ではハリ先が立たないが、
チモトが口の外に出た瞬間に角度が
変わりハリが立つ

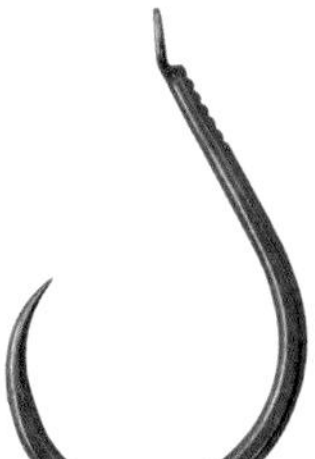

A1 あわせちゃダメジナ
（拡大写真）

ヒネリの意味

チヌバリや丸セイゴなどに多いヒネリ加工の目的は、合わせた際にハリが魚の口中に触れる確率をアップさせるためです。ヒネリなしのハリですっぽ抜けてしまう場合でも、ヒネリがあることですっぽ抜けを軽減できるのです。

チヌバリにヒネリが多いのは、チヌは鋭くない硬い歯が口の中にびっしり生えているため（169頁写真参照）、ハリを飲み込まれてもハリ先が滑って掛からないことが多く、それを少しでも軽減するためです（チヌの場合、ハリを飲まれてもハリス切れの心配は少ない）。

ただ、ヒネリのないハリにくらべてヒネリバリの種類が少ないのはデメリットもあるからです。ハリ先角度の問題で貫通力は低く、また潮の流れが速いところではセットしたエサもひねった状態になるため海中で回転し、仕掛け回収時にぐるぐる回ってイトヨレの原因にもなります。

ちなみに、チヌ釣りでヒネリ愛好家が多いのはフカセなどウキ釣り派です。カカリ釣りや落としこみ釣りでは、エサの回転を嫌ってかストレートなチヌバリが好まれる傾向にあります。

尖頭倍率の例

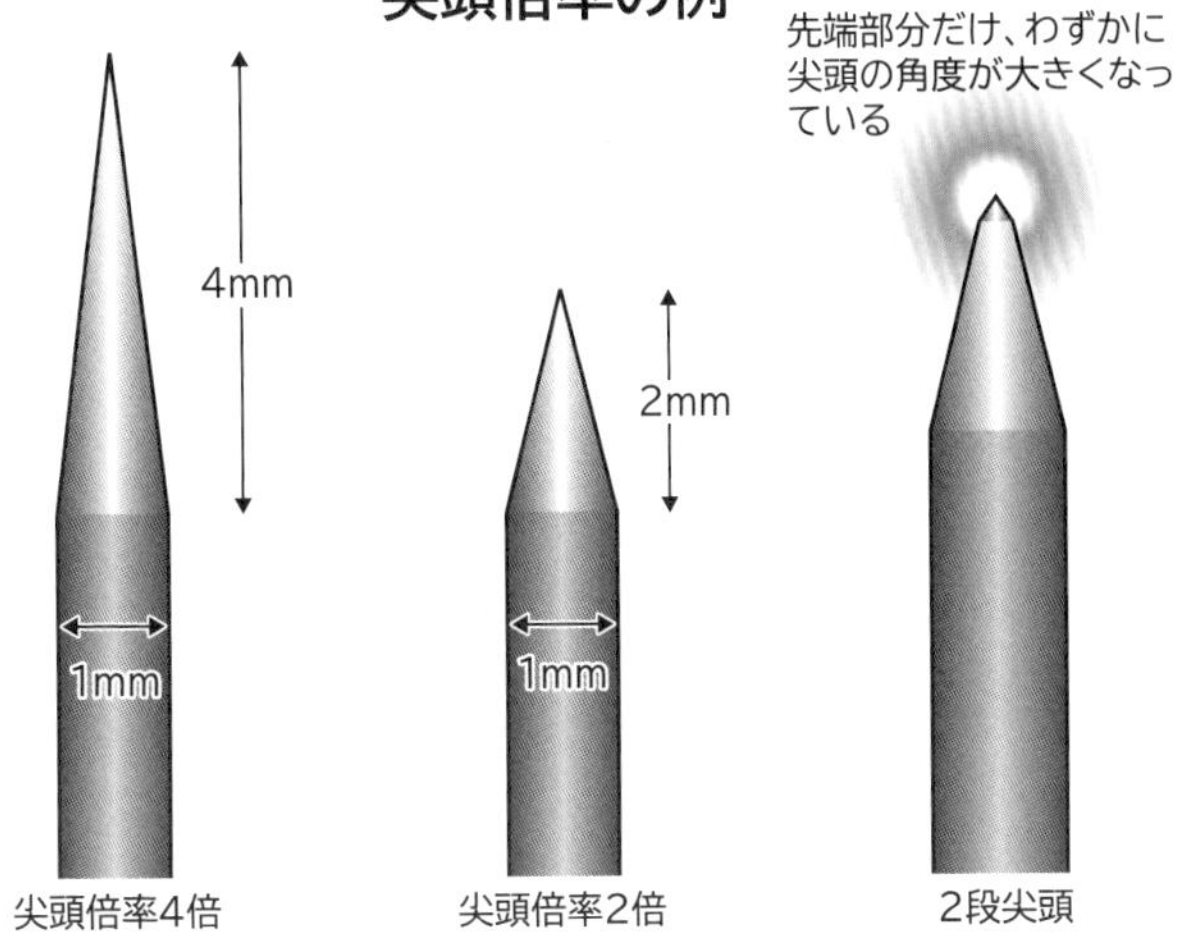

ハリ先の尖り方について

ハリ先は鋭いほうがよいのか？

ハリ先の鋭さは「尖頭《せんとう》倍率」という数値で表わされます。使用する線材の線径に対するハリ先（尖頭部分）の長さの比率のことで、たとえば線径1㎜の場合、ハリ先の長さが4㎜のものを尖頭倍率4倍（×4）と呼びます。当然、尖頭倍率が大きいほどハリ先は鋭くなる反面、ハリ先の耐久性は低くなります。

ちなみにグレバリで4・5倍、ハリ先強度が求められる太軸のイシダイバリではおおむね3・3倍です。アユ友釣りの掛けバリは線径が細く10・5倍もの尖頭倍率になります。とんでもなく鋭いのですが、底石に当たることも多いため、2段尖頭といってハリ先の先端部分をわずかに鈍角にしてハリ先の耐久性を向上させているハリもあります。

ということでハリ先は鋭いに越したことはありませんが、鋭すぎると折れたり曲がったりと耐久性に欠けてしまいます。対象魚や使用法などによってベストな尖頭倍率、鋭さはさまざまです。またカエシのあるハリでは尖頭倍率があまりにも大きいと、カエシが付く位置の線径が細くなってしまうことでカエシ部分で折れてしまう可能性が高くなります。そのためカエシの有無、カエシの大きさによっても、尖頭倍率を調整する必要があります。

オキアミカラーなどの着色によりハリ先の鋭さが損なわれるのを防ぐための「トップレスコート」という加工もあります。これはハリ掛かりに影響するハリ先からカエシの直下以外を着色する方法で、1本1本手作業で行なわれています。さらに「マイクロトップレスコート」といって、ハリ先先端0・5㎜だけを残して塗装し、よりカモフラージュ性能を追求したものもあります。「トップレスコート」のハリ先部分だけに摩擦抵抗が小さい「ナノスムースコート」を採用した「ナノポイント」というものもあります。

3章　代表的な釣りバリの例

現代釣りバリのベースとなったハリとは？
また淡水から海水まで多彩なターゲットを例に、
代表的な釣りバリの特徴と求められる性能を解説する。

現代釣りバリのベースとなる形状、特徴、理由

現代の釣りバリは特殊なものを除いて伊勢尼型、袖型、キツネ型に大別され、それらを基本に軸の長さ、ハリ先の角度、長さなどを改良、派生したハリであるといってよいでしょう。伊勢尼型はグレバリに代表される磯バリに顕著です。チヌバリ、マダイバリ、イシダイバリ、アブミなどのほか、淡水のコイバリや一部のヘラバリなども伊勢尼型がベースです。袖型ベースでは流線バリ、カレイバリ、キスバリの一部、メバルバリもフトコロが広い袖型です。渓流用のヤマメバリ、ワカサギバリにも袖型が採用されています。

キツネ型の代表格はアユ友釣り用の掛けバリです。古くはトンボ型、矢島型、長良型などもよく使われましたが、近年はほぼキツネ型ベースのラインナップになっています。ほかではキスバリの一部、ウナギバリ、渓流用のアマゴバリ、ワカサギ釣りでは袖型と並んでキツネ型が2大勢力の一翼を担っています。

伊勢尼型はエビエサを基本とした職漁から生まれたハリで、エビがきっちりとハリに収まる安定した形状です。エビエサといえばすぐに思い浮かぶのがテンヤバリで、軸こそ長いですがそのフォルムは伊勢尼型そのものです。

秋田狐 3.5 号

袖 8 号

伊勢尼 12 号

袖型はミミズなどをエサにする川釣りから生まれたハリと考えられます。軸が長いため虫エサが刺しやすく収まりもよく、またエサを弱らせないように細軸が特徴です。川魚用だったので海ほどの強度も必要なく細軸という見方もできます。

キツネ型は袖型同様に軸が長く、ミミズやゴカイなど虫エサを刺すのに向いていますが、より口が小さい魚に対して吸い込みを重視したハリです。

一方、ブラックバス用などのルアーフックは、もともと海外から入ってきたものなので日本のエサバリと同一に考えることは難しいですが、タイラバやジギング用のシングルフックなどでは伊勢尼型が主流で、ハリの基本的な特徴を理解するうえでは参考になるでしょう。

代表的な釣りバリの特徴と求められる性能――エサ釣り

渓流バリ

渓流バリというのはヤマメ、アマゴ、イワナ、サケ、マス類などを釣るためのハリですが、タイプでいうとヤマメタイプかアマゴタイプかで大きく分けることができます。ヤマメとアマゴは生息域の違いこそあれ、外見上は朱点の有無くらいで非常に似た魚ですが、実はその性質が微妙に違います。ヤマメはアマゴにくらべ警戒心が強いのです。どう猛でエサに飛びつくアマゴに対し、ヤマメは神経質でアタリも小さいことが多い魚です。

その性質の違いに合わせて、ハリもヤマメ用はハリ先角度が大きく掛かりやすい袖型です。エサをくわえても違和感があるとすぐに放してしまうので、アタリと同時に素早いアワセが必要なため、口に掛かりやすい袖型が向いているのです。

対してヤマメほど警戒心が強くなくエサをしっかり食い込むアマゴ用のハリは、ハリ先角度が小さく食い込みのよいキツネ型が主流です。

一般的にはこういった傾向がありますが、アマゴねらいでも即アワセが身上の釣り人はヤマメタイプのハリを使いますし、逆の人もいるでしょう。とはいえ、釣り人の好みは地域性

渓流マッチョ９号

ナノヤマメ６号

ナノアマゴ４号

ゼロヤマメ７号

にも表われており、アマゴの生息域が多い関西ではアマゴタイプのハリ、ヤマメがメインの関東ではヤマメタイプのハリを好む人がほとんどです。

　線径は「ナノヤマメ」という渓流バリのなかでは細軸のハリでいうと3号で0・35㎜、8号で0・46㎜です。軽い仕掛けでナチュラルに誘う「ゼロ釣法」と呼ばれる釣り方で使用される「ゼロヤマメ」の4号では0・28㎜です。これがまかつの渓流バリで最も細い線径のハリです。ちなみに、大型渓魚に対応する「渓流マッチョ」は4号で0・435㎜と太軸ですが、海用のハリにくらべればやはり細軸です。

　サクラマスやサツキマスなど大型マス類のハリは、ヤマメバリやアマゴバリをベースに、より太軸で頑丈に作られています。

友釣り用アユバリ

友釣り用掛けバリの最大の特徴は、他の釣りバリにくらべて非常に鋭いことです。尖頭倍率でいうと9~10・5倍という極端に鋭いハリ先をしています。ただし折れや曲がりを防ぐためハリ先の先端部分だけをやや鈍角にした2段尖頭になっていますが、それでも釣りバリのなかでは最も尖ったハリ先といえます。

アユ釣りのハリは野アユにしっかり刺さり込まなければいけない一方で、ハリ先が底石に当たる宿命にあります。このためあまりにピンピンすぎるハリ先では耐久性に欠けるのと、交換頻度を少なくする目的で、あえて先端部だけをやや鈍角にした2段尖頭にしているのです。また、ハリのシルエットに対し次のような非常に細い線材が使われています。

●線径例

細軸7号：0・39㎜
中軸7号：0・41㎜
太軸7号：0・435㎜
太軸10号：0・64㎜

大きくても30㎝前後のアユに対して太いハリの必要はありません。またオトリへの負担を考えればハリは軽いに越したことはなく、結果として軽い細軸になっているのです。

線材は磯バリなど他のハリにくらべ靭性《じんせい》が高く粘りがあるもの、言い換えれば「大きな負荷が掛かった際にも折れない材料」が選ばれます。シルエットの大きさの割には細い線径のハリなので、線材が硬すぎると折れのリスクが高まり、軟らかすぎるとハリが伸びるリスクが高まります。そのために、アユバリには高炭素鋼で靭性が高い「T1」が多く使われています。

キツネ型がベースの現在のアユバリですが、ハリ先角度でその性質が変化します。たとえば、がまかつで最もハリ先角度が大きいアユバリが「G-HARD最速」です。こういったハリはハリ先角度が大きい分、野アユに接触しやすく釣果数を競う競技会に向いています。ただ、同時にハリ先が底石に当たることも多くなるので、根掛かりが少ないポイントでの使用がよいでしょう。

一方、根掛かりが多いポイントでは「T1全《ゼン》」「T1刻《トキ》」「T1競技SP DFキープ」などのハリ先角度が小さいハリが向いています。

ハリ先の長さでもハリの性質は異なります。ハリ先が長いと、それだけ野アユに対して深く刺さり込みバレが少なくなります。一方、いわゆる早掛けタイプと呼ばれる、ハリ先が短くハリ先角度も大きいハリは素早く野アユが掛かる反面、バレも多くなる傾向があります。

またハリ先がカーブしたシワリタイプとストレートなタイプがあり、好みの分かれるところですが、近年はシワリタイプが主流になっています。この違いで掛かりの早さやキープ力にそれほど大きな差はありませんが、おおむね見た目のよさでシワリ系が好まれるようです。

T1 刻 7 号

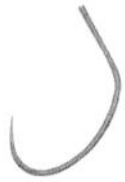

G-HARD 最速 7 号

T1 競技 SP DF キープ 7 号

T1 全 6.5 号

イカリバリのハリ先形状の違い

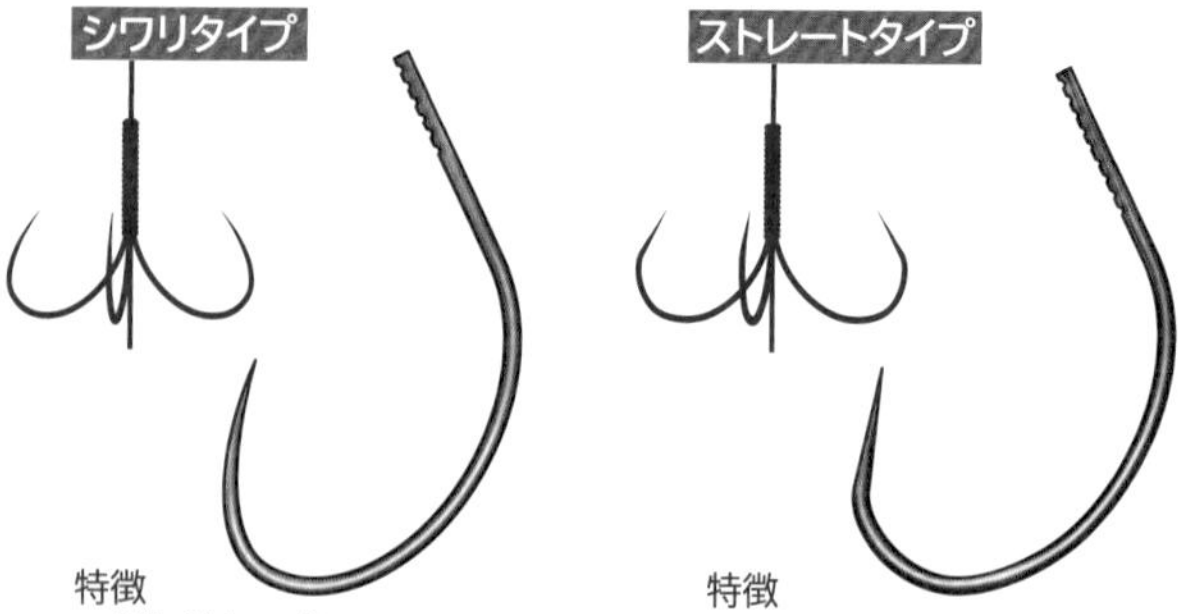

特徴
ハリ先がカーブしている
近年はこのタイプが主流

特徴
ハリ先がストレート
機能的にはシワリタイプと
大きな差はない

清流バリ

がまかつでは「清流用」というジャンルは、オイカワ、カワムツ、タナゴなどのターゲットをねらうときに使用するハリになります。特殊なものではウナギバリも同じジャンルに含まれます。

これらのハリもキツネ型と袖型に大別されます。代表的な「細地袖」というハリでは2号の線径が0・23㎜で、ワカサギ用の袖型のハリと同じ太さです。8号という大きなサイズもラインナップされ、線径は0・435㎜です。

また「袖」というハリは1～12号まであり、清流というカテゴリーには入っていますが、大きめのものは海のサビキ仕掛けやサヨリ釣り仕掛けなどにも使われる小もの釣りで非常に幅広い用途を持ったハリです。

清流バリのなかでも特徴的なのはタナゴバリです。どれだけ小さな魚をたくさん掛けるかに熱くなる釣りで、小さな魚の口にも入りやすいようにハリ先が非常に短くなっています。尖頭倍率は5倍です。

たとえば「極《キワメ》タナゴ」というハリは極小でハリ先は超短め。線材の線径は0・23㎜ですが化学研磨工程で0・21㎜になるまで細く仕上げています。手研ぎに迫る非常に短いハリ先ですが、これでもまだ長いと自らヤスリをかけ、さらに短くして使用する釣り人もいるそうです。

一方、そんなハリ先に対して軸は釣り人がエサを刺しやすいように、そこそこ長くしてあります。フォルムとしてはキツネ型のハリです。

ウナギバリで古くからポピュラーなのは「三越《みこし》うなぎ」というキツネ型のハリで、ウナギにハリをしっかり飲み込ませて釣りあげます。軸が長いのはエサのミミズをたくし上げ、できるだけ長く付けられるようにという理由からです。

ワカサギバリ

ワカサギ用のハリに使われている線材の線径は1～1・5号で0・23㎜。日本を含む世界中で市販されているハリのなかでは､タナゴバリとともにもっとも細いハリのひとつです。素材は普通の高炭素鋼で尖頭倍率は約5倍です。

線材の規格にはもっと細いものもありますが、これ以上細くすると強度面での不安が出てきます。これは近年、掛かったワカサギをハリ外し器に通し引っ張って口を切るようにして外すのが主流なので、その際のハリに掛かる負荷を考えるとこの細さが限界です。

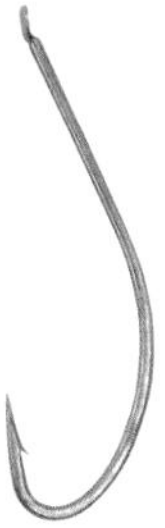

三越うなぎ17号

細地袖8号

袖8号

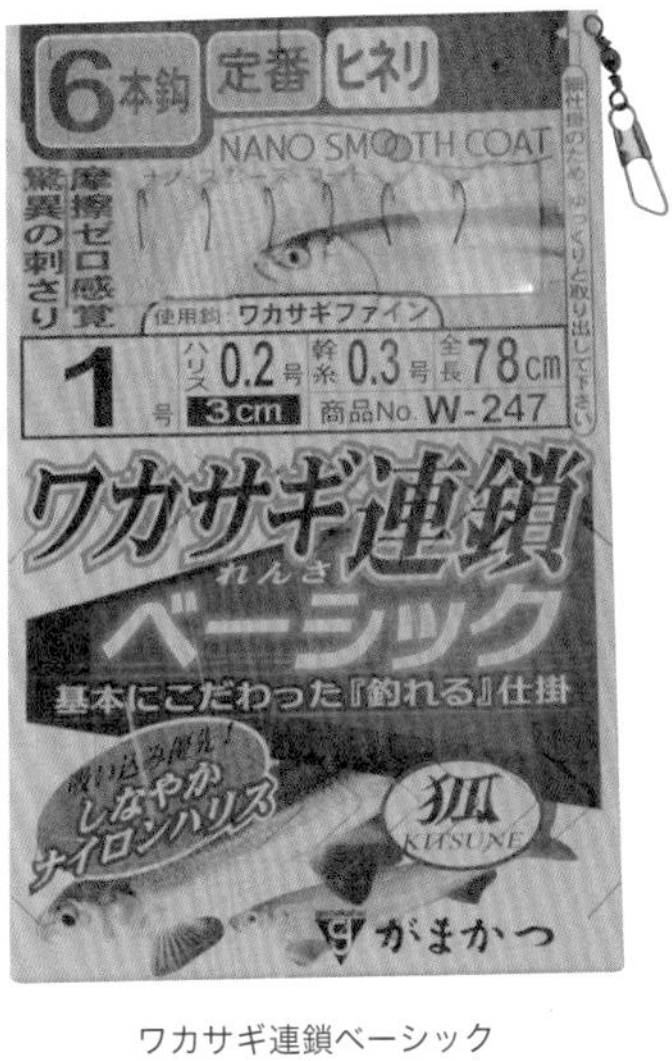

ワカサギ連鎖ベーシック
狐タイプ1号

極タナゴ

形状はワカサギの口内への吸い込みがよいキツネ型、掛かったワカサギが外れにくいキープ力の高い袖型が2大勢力です。釣れるワカサギが非常に小さい場合、ワカサギの口も小さいのでキツネ型が好まれます。また水深があるポイントで掛けたワカサギの引き上げに時間がかかる場合は、バラシを防ぐため袖型というように、魚の大小、釣り場の条件、さらには魚の活性などで使い分けます。

ちなみに、がまかつで最も大きなワカサギバリは3号です。ワカサギバリのサイズは以前は2号が多く使われましたが、近年は1〜1・5号が主力になっています。さらに小さな0・5号もラインナップされています。名手クラスになると1日1000尾以上の釣果も得られる、数釣りを楽しむジャンルのため、時代はより吸い込みがよく違和感の少ない小バリへ進んでいるようです。

ワカサギバリはそのほとんどが完成仕掛けに使われていますが、一部、仕掛けを自作するこだわりの強いベテラン向けにハリ単品やイト付きバリも発売されています。

ちなみにワカサギだけではなく、がまかつではすべての完成仕掛けのハリを結ぶ作業は職人さんの手巻きです。袖バリの7号程度の結びやすい号数の場合、がまかつが擁する仕掛け作り職人の中でもっとも速い人は、1日8時間で4000本を結ぶことができます。なんとハリ1本当たり約7秒で結んでいるということです。

ヘラバリ

ヘラブナ釣り用のハリは袖型タイプの「関東スレ」、キツネ型タイプの「改良ヤラズ」、伊勢尼タイプの「ヘラ鮒スレ」が3大スタンダードになっています。そのほかのハリは形を微妙に変えたり軸の太さなどを変えた派生モデルと考えてよいでしょう。

ヘラバリの最大の特徴は、すべてカエシがないスレバリであることです。キャッチ&リリースを前提とした和製ゲームフィッシングのヘラブナ釣りでは、魚へのダメージを最小限にして速やかにハリを外せるスレバリが絶対です。

また、練りエサを用いるため海釣り用に多い「平打ち」ではなく、エサ持ちをよくする目的で「腹打ち」と呼ばれる加工が施してあるものが存在します。腹打ちはヘラバリに多く見られる独特な加工です。近年は腹打ちで平らになった面にギザを入れた「クロスギザ」と呼ばれる加工をプラスすることで、さらにエサ持ちをよくする工夫が施されたハリも登場しています。

滑りがよい「ナノスムースコート」がヘラバリにほとんど採用されていないのも、エサ持ちを考慮してのことです。ただしアタリがなく仕掛けを引き上げるときにはハリに残ったエサを切る必要があり、あまりにエサが残ってしまうのも考えもので、加減が難しいところです。またウドンなど固形エサ用のハリ（「T1クワセマスター」）などは、エサ持ちを気にする必要がないため、平打ちで「ナノスムースコート」も採用されています。

さらに平打ちと腹打ちの両方が施され断面が正方形に近く、練りエサにも固形エサにも使える万能バリもあり、「A1アスカ」などがそれに当たります。

エサの沈下速度に直結する重量も重要で、ヘラバリはおおむね細軸軽量です。基本的に管理釣り場では魚のサイズにばらつきが少なく、海のように突然の大ものに備える必要もないので細軸で大丈夫なのです。たとえば中軸の「関東スレ」の1号で線径は0・37㎜、10号で0・68㎜。細軸の「T1イヅナ」1号で0・30㎜です。エサを底にしっかり置いて釣る底釣り用の「ギガボトム」というハリは、底で安定させる必要があるため重い太軸で2号は線径0・485㎜です。

ちなみにヘラバリの尖頭倍率はおおむね7倍です。

3大スタンダードのうち「ヘラ鮒スレ」を使用する人は実は少数派で、圧倒的支持を得ているのは「関東スレ」と「改良ヤラズ」です。両者の特徴を述べると、ハリ先角度が大きくアワセが利きハリ掛かりがよいのが「関東スレ」です。しかしエサ持ちのよさはフトコロの底が丸くなっている「改良ヤラズ」のほうに軍配が上がります。したがって、掛かりとエサ持ちのどちらを重視するかで好みが分かれます。同じフォルムのハリであれば、エサ持ちの

A1 アスカ 10 号

関東スレ 10 号

T1 イヅナ５号

改良ヤラズ８号

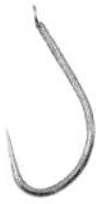

ギガボトム６号

ヘラ鮒スレ５号

T1 クワセマスター５号

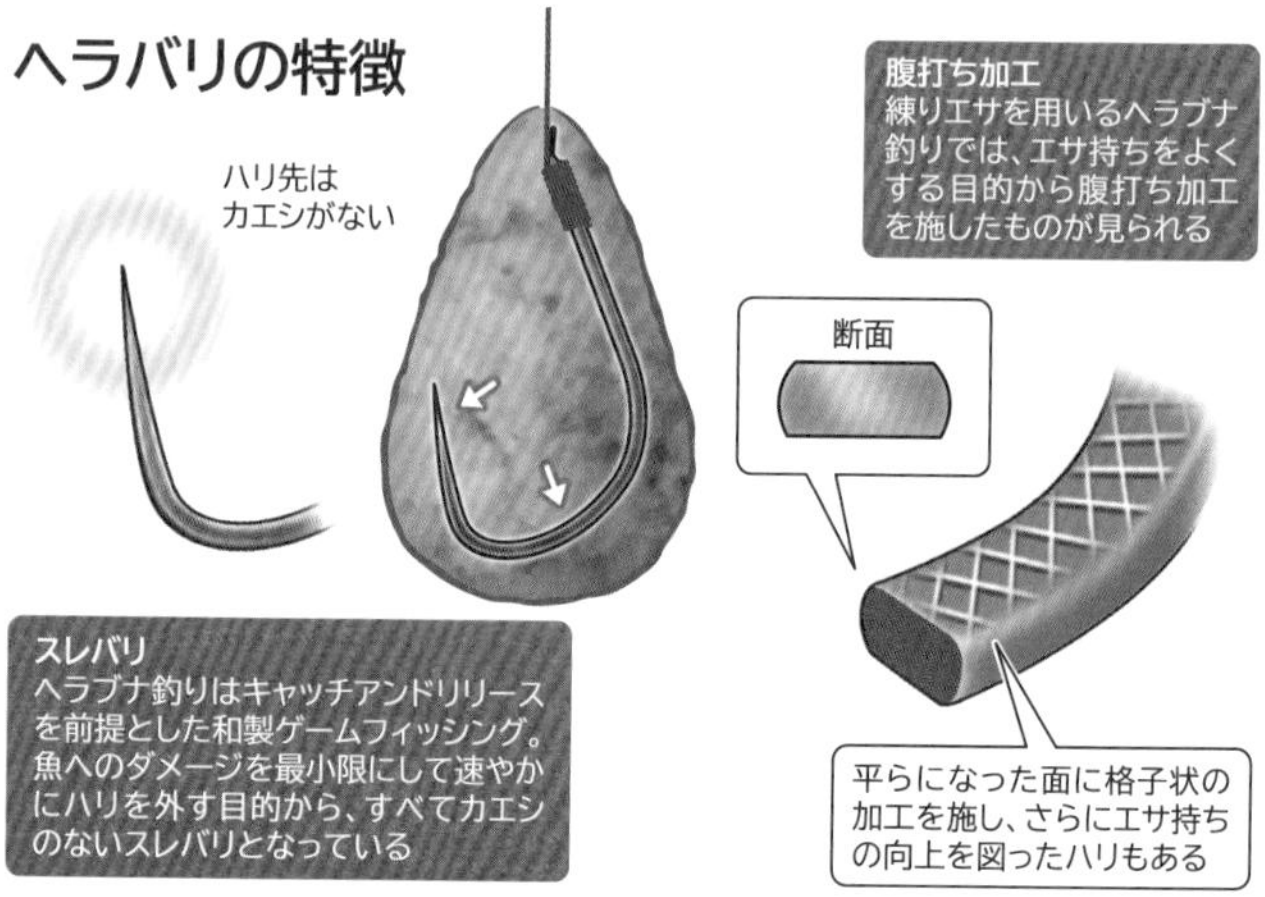
ヘラバリの特徴
ハリ先は
カエシがない
腹打ち加工
練りエサを用いるヘラブナ釣りでは、エサ持ちをよくする目的から腹打ち加工を施したものが見られる
断面
スレバリ
ヘラブナ釣りはキャッチアンドリリースを前提とした和製ゲームフィッシング。魚へのダメージを最小限にして速やかにハリを外す目的から、すべてカエシのないスレバリとなっている
平らになった面に格子状の加工を施し、さらにエサ持ちの向上を図ったハリもある

よさは号数の大きいほうにアドバンテージがあります。バラケと食わせのセット釣りと呼ばれ、寄せエサ（ダンゴエサ）と食わせ（固形エサ）の両方を使う釣りでは、ダンゴエサを付ける上バリはエサ持ちがよい大きめのハリ、固形エサを刺す下バリはヘラブナの口に吸い込まれやすい小さく軽いものを使うのがセオリーです。

2本のハリの両方にダンゴエサをセットする両ダンゴと呼ばれる釣りでは、どちらもエサ持ちがよい腹打ちのハリを使う人が多いです。

コイバリ

コイバリは伊勢尼タイプです。コイ釣りに

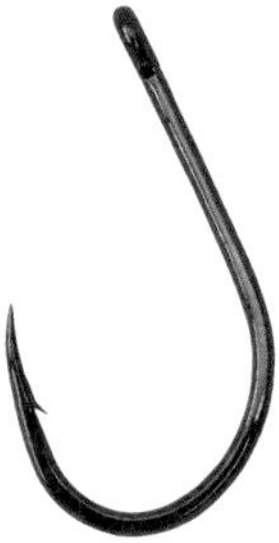

カン付大鯉 20 号

A1 管付鯉鈎 10 号

デカゴイ 16 号

はノベザオでねらう管理釣り場の釣りと、河川や湖など自然の釣り場でブッコミ仕掛けで野ゴイをねらう釣りに分かれます。

　ハリ掛かり後のやり取りでは強い引きにサオを伸されないようにためてコイを浮かせるため、ハリに求められるのは頑丈さです。そのためブッコミで使用される「デカゴイ」というハリは17号で線径が何と1・77㎜もあります。これは海のイシダイバリと変わらないほどの太さです。そういえばブッコミで野ゴイをねらう際、実際にイシダイタックルを使う人もいるほどです。

　ヨーロッパで盛んなカープフィッシングのヘアリグという仕掛けでは「A1管付鯉鈎」や「カン付大鯉」など管付きのハリが使用されます。これらのハリも伊勢尼ベースです。

グレバリ

磯バリの代表ともいえるグレバリは、ほとんどが伊勢尼タイプです。かつてエサとして使用された湖産エビなどのエビ類、現在の主要エサであるオキアミにマッチするシェイプが伊勢尼型であることがその理由です。

余談ですが「オキアミ専用」という丸セイゴ型に近い形のハリもありますが、これはどちらかといえば船釣り用という位置付けです。軸が長いので2尾のオキアミを抱き合わせて真っすぐ刺すのに向いています。

グレは警戒心が強く、基本的にハリは小さく軽いほうが魚に違和感を与えません。しかし引きが非常に強く強度も必要です。同サイズで比較すると川釣り用のハリよりもかなり太い線径が使用されています。

また近年のグレバリの主流ですが、ハリに刺したエサから耳が出ているとグレに警戒心を与えるため、耳をエサの中にすっぽりと隠しやすい「短耳」と呼ばれる、通常の耳と同幅で高さの短い耳になっています。

グレバリといえば昔は金バリが多かったのですが、近年は非常に少なくなりました。理由は反射して目立ちやすい金色が敬遠されるようになったからです。現在のグレバリはつや消

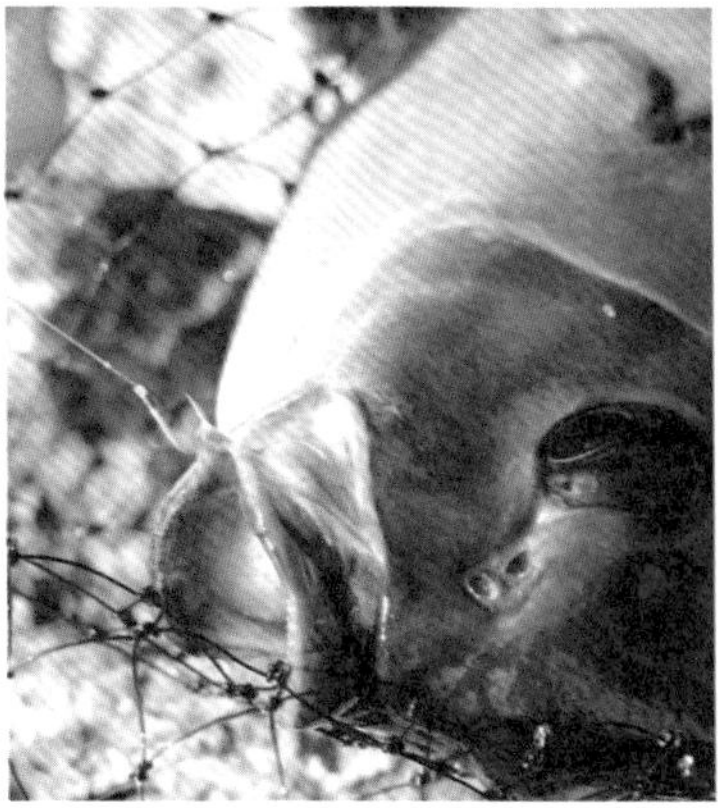
尾長グレの口元

口太グレの口元

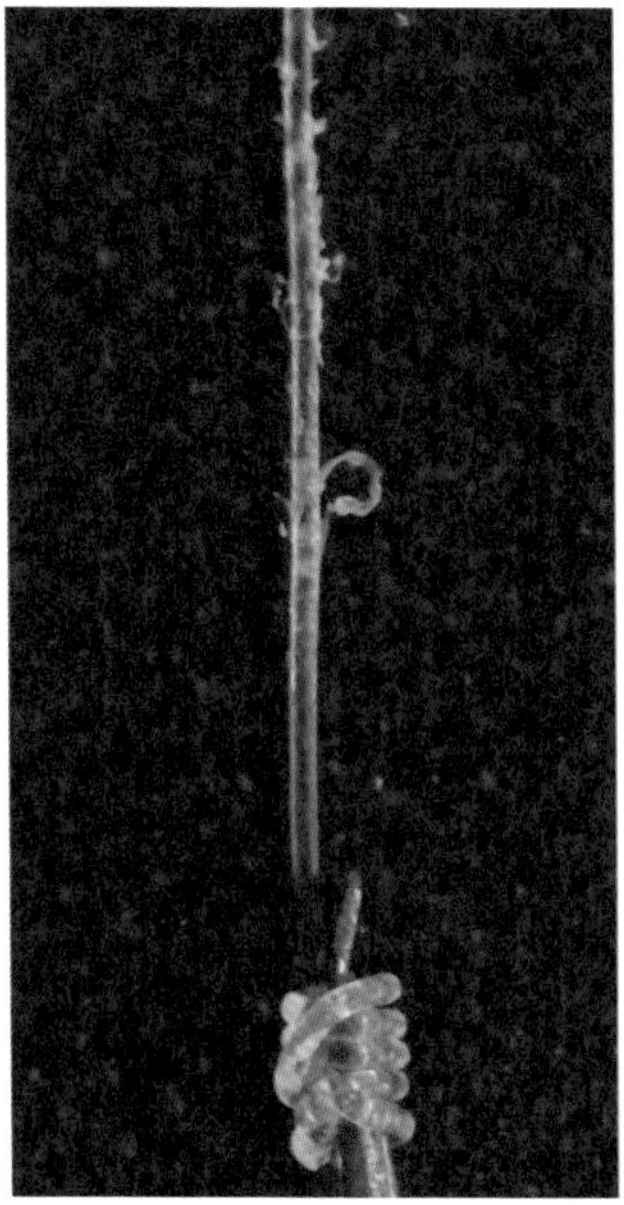
尾長グレの歯でザラザラになったハリス

しやオキアミカラーなど、目立ちにくい色が釣り人に好まれています。
グレバリには口太グレ（メジナ）用と尾長グレ（クロメジナ）用があり、前者は短軸で線径もやや細め、口太グレより引きが強い後者のハリの軸はやや長く線径も太めです。尖頭倍率はおおむね4・5倍でカエシが小さい半スレのものがほとんどです。

歯の鋭さの違いでハリ先角度にも違いがあります。歯が鋭くなく、ハリを飲み込まれてもハリス切れのリスクが低い口太グレ用のハリは、掛かりやすいようにハリ先角度を大きくしてあります。

一方、歯が鋭い尾長グレ用のハリは、飲み込まれても口の中で滑り口元付近でハリ掛かりするように、ハリ先角度を小さくしてあります。軸が長いのはハリのチモトが口の外に出やすいためと、ハリ先角度を小さくするためでもあります。6号サイズの線径で比較すると、口太グレ用で最も細軸の「T1ファイングレ」0・57㎜、「口太グレ」0・64㎜、「掛りすぎ口太」0・68㎜に対し、「掛りすぎ尾長」6号では0・72㎜。尾長グレ用は口太用よりフォルムも大きめですが、線径はかなり太くなっています。

ちょっと変わった形状をしているのは尾長グレ用の「A1あわせちゃダメジナ」です。ハリ先角度が小さい完全なネムリバリです。これは引ったくるような尾長グレの突然のアタリでハリを飲み込まれても、向こうアワセで確実に口元にハリ掛かりさせるためで、ネームリングどおりアワセは厳禁です。早アワセするとハリ掛かりせずすっぽ抜けます。

また、号数によって口太グレ向き、尾長グレ向きに分かれているものもあります。「G-HARD V2 セレクトグレ」は、4～6号はハリ先角度が大きく口太グレ向き、7、8号はハリ先が内向きで、ハリ先角度を小さくした尾長グレ向きという設計です。

A1 あわせちゃダメジナ９号

T1 ファイングレ４号

G-HARD V2
セレクトグレ６号

口太グレ６号

G-HARD V2
セレクトグレ８号

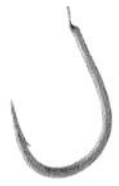

掛りすぎ口太５号

掛りすぎ尾長７号

チヌバリ

チヌバリもグレバリと同様に、伊勢尼型をベースにアレンジしたものがほとんどです。ただ引きの強さがグレほどではなく、使用するハリスも細いため、グレバリよりもやや細い線材で作られています。線径はもっともベーシックな「チヌ鈎」の3号で0・72㎜です。尖頭倍率は5倍です。

チヌバリの特徴は、グレバリにはほとんど採用されないヒネリバリの割合がけっこう多いことです。チヌの口は硬い歯がびっしりと並んでいます。ストレートなハリだとこの硬い歯に当たってすっぽ抜けする可能性が高くなるため、歯以外の唇周りや口奥にハリ先が接触する確率を向上させるためにヒネリが入っています。

ヒネリの方向は昔から決まっていたようで、日本ではハリ先側から見て右方向にひねってあります。海外のハリにもヒネリはありますが日本とは逆方向です。なぜなのか、理由は定かではありません。単なる慣習なのでは？　という意見から、右利きの人が多い日本ではエサ付けの際に右手でハリを持つ関係上、右方向にひねっていたほうがエサを刺しやすいからではないか？　という説もあります。ハリ掛かりの機能的には左右どちらでも差はありません。

カニ前打ち３号

貫通筏４号

チヌ鈎10号

軸はグレバリよりも長めになっています。チヌはグレほど神経質ではないので少々軸が長くても違和感を与えませんし、軸が長いほどハリ先角度が小さくなり貫通性能がアップします。エサもオキアミだけではなく、オキアミ＋コーンなどと複合的にセットすることも多く、軸が長いほうがうまくセットしやすいメリットもあります。

ハリカラーは両極端です。チヌは気難しい反面、大胆なところもあり、目立ちにくいカラーに人気があるかと思えば、逆にエサの存在をアピールするような金色も受け入れられています。グレ釣りファンほどハリの色を気にしないのかもしれません。

チヌバリで不思議なのは、同じサイズで

も伊勢尼やグレバリなどとは号数表記が違うことです。チヌバリ1号は伊勢尼では6号に相当します。なぜか？　正直なところ、こればかりはナゾです。チヌバリの歴史は古く、開発当初からそうだったのではないかとしかいいようがありません。

さて、ここまでは磯や防波堤からのウキフカセ釣りの一般的な話でしたが、チヌにはほかにもいろいろな釣り方があります。それによって同じチヌバリでも味付けが変わります。

まずイカダやカセからのカカリ釣り用のチヌバリは、やや太めの軸になっています。長く弾力がある磯ザオにくらべ、短くクッション性が低いカカリザオという点も見逃せませんが、何より強烈なアワセでハリに掛かる負荷もかなりのものでしょう。基本的に海底をねらう釣りであり、さらにはオモリなしでエサを落としていく釣り方もあるので、太軸で重めのハリが好まれます。またカカリ用のチヌバリは貫通力を優先させるためヒネリなしが主流です。仕掛け投入&回収時にイトヨレを起こさないように、という配慮もあります。

防波堤の壁際をねらう落とし込み釣り専用バリにも、さまざまな特徴があります。ハリ軸部分にガン玉を固定しやすくするプレス加工がされていたり、エサのイガイに収まりがよいようにチモトのすぐ下だけ平坦になっていたりします。またカカリ釣り用ほどではないですが、防波堤のスリット部分などでの強引なやり取りも多いので、ウキフカセ釣り用のハリよりは太めの軸になっています。

メバルバリ

防波堤や小磯のウキ釣りなどで使用するメバルバリは、袖型を少し丸くしたような形状をしています。総じて細軸なのはタックル、仕掛けが繊細なだけでなく、エサに使用する生きたエビや虫類を極力弱らせないためです。伝統的に大阪湾から瀬戸内地方にファンが多い釣りです。

イシダイバリ

荒磯の王者、イシダイを釣るハリは太軸の伊勢尼型です。線径は「本石」というハリの15号で1・88㎜。また、傷みやすいハリ先には耐久性が求められるので尖頭倍率は3・3倍と他の釣りもののハリと比較して小さめになっています。

ハリスにワイヤを使うことが多いので、ワイヤ結束部分には穴が開けてあります。またエサによく使われるウニは装餌するとき、ウニ通しという専用の器具を使って通します。そこでタタキ上部の角を丸く加工し、ウニに通しやすくしているのもイシダイバリの特徴です。

穴部分のプレス幅を狭くした「スリムホール」を採用したハリもあります。

磯のイシダイ釣りは仕掛けを沖へ投げて釣る遠投スタイルと、手持ちザオで磯際の壁を釣る宙釣りに分かれますが、多くのイシダイバリは根掛かり回避の点からハリ先はやや内向きです。対して真下の壁をねらう宙釣り用の「手持石鯛《てもち》」というハリは、他のイシダイバリにくらべ根掛かりのリスクが低いため、ハリ先はやや外向きに設計されています。

クエバリ

荒磯の帝王、クエ釣り用のハリはとにかく大きく太いのが特徴です。がまかつで国内向けに発売されているハリで最大のものが「クエ（モロコ）」40号で線径は何と4・19㎜。以前はさらに大きな号数も販売されていましたが、近年はジャンボなクエも少なく、そんな巨大魚を磯からねらう釣り人も少なくなったようです。

手持石鯛 16 号

本石 15 号

V2 メバル 8 号

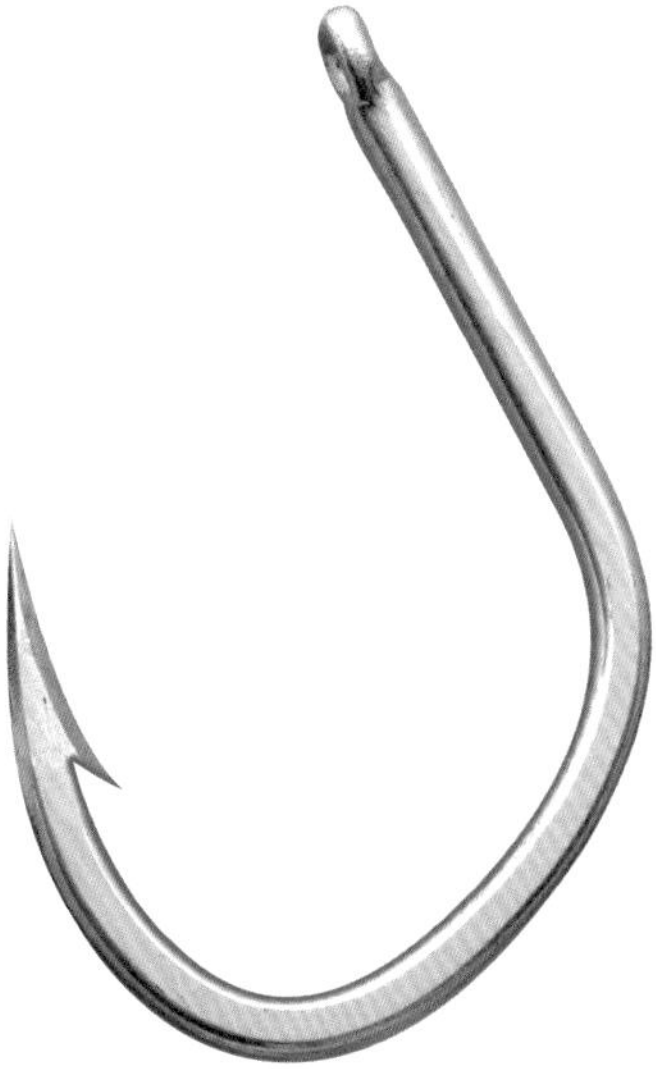

クエ（モロコ）40 号

投げ釣り用のハリ

投げ釣り用のハリは袖型とキツネ型ベースに、袖とキツネのハイブリッドともいえる流線型も加わります。流線型は投げ釣り用にしかない独特のフォルムです。いずれも軸が長く虫エサにフィットする形状で、フトコロが狭く魚の口の中に吸い込まれやすい、さらに飲み込まれたハリが外しやすいという特徴があります。

投げ釣りの代表魚のひとつであるシロギスをねらうハリはその昔、小型の流線バリが使用されていましたが、数を競う競技会が盛んになるにつれ、袖型ベースとキツネ型ベースがメインになりました。ワカサギのハリ同様に掛かった魚が外れにくい袖型タイプ、活性が低くなかなか食い込まない魚を素早く掛けられるキツネ型タイプと、状況により使い分けるとよいでしょう。

変わったところでは非常に古くからある「スピニングB」というハリです。キツネ型ベースですが、非常にハリ先が短くヒネリが入っているのが特徴です。ネーミングに関してはヒネリだからスピンなのか？　はたまた日本でスピニングリールが普及し始め投げ釣りが盛んになった時代に、そのリールにあやかって付けられたのではないか？　と想像の域を出ません。このBという謎のアルファベットですが、もともとは「スピニング」という銘柄のハリがあって、そこからスピニングＡとスピニングＢの２種類が派生しました。その後、スピニングＡが廃盤になり、スピニングＢが残る結果となったのです。ちなみに「スピニング」と「スピニングＡ」は流線型タイプです。

投げ釣り対象魚でもう一方の雄であるカレイ用のハリは、流線型ベースがほとんどです。体の割に口が小さいカレイには、吸い込まれやすい形状のハリが適しています。また虫エサを大きく刺してアピールする必要があるので、エサをしっかりセットできる軸の長いハリが求められます。単に流線型と呼ばれるハリとは別にカレイバリが存在するのは、軸から曲げに入る背中の部分をやや丸セイゴ風の滑らかなシェイプにすることで、よりカレイの口の中に吸い込まれやすいようにするためです。

カレイバリは船釣り用のものもあります。主に東北から北海道で使用されるハリですが、投げ釣り用にくらべて軸がやや短くなっています。投げ釣りのように仕掛けをキャストする必要がなく直下に落とすだけなので、投げ釣りほどエサのズレを気にする必要がなく軸も短くて済むのです。

丸せいごというハリは、ベースとなるスズキバリの角を丸くした形状をしており、これも投げ釣りでよく使用されます。投げ釣り用のハリとしてはフトコロが広いため、虫エサをたっぷり房掛けにしたり、コウジ、ユムシなど大きいエサを刺すのに向いています。「ユムシコ

ユムシコウジ 18 号

T1 競技キス SP 5 号

コウジマダイ 17 号

スピニングB 12 号

ウジ」「コウジマダイ」などもフトコロが広く、マダイやクロダイ、コロダイなど大型魚を大きなエサでねらうためのハリです。

船釣り用のハリ／マダイバリ

船釣りを代表するターゲットであるマダイのハリは伊勢尼型がベースです。これはエサのエビやオキアミにマッチする形で、軸の長さに長短がありますが、長軸が生きたエビ用、短軸がオキアミ用です。

エビエサ用の軸が長いのは、エビを真っすぐ刺し抜いたハリ先がエビの頭の脳みそあたりにくるようにするためです。対して、ハリに沿わせて丸くセットできるオキアミでは短軸になっています。ハリが軽くなる分、食い込みもよいのです。短軸のものは貫通力をアップさせるためにハリ先がやや内向きになっているのも特徴です。

青もの用のハリ

ヒラマサ、ブリ用は主力エサのオキアミにマッチする伊勢尼タイプで、大型青ものの引きに耐えられるよう太軸で頑丈にできています。

「A1オキアミマグロ」などマグロ用のハリは、ハリ先がネムリになっています。マグロの口の一番外側には細かい歯があり、ハリが口の奥で掛かるとハリス切れのリスクがあるため、口内では滑ってカンヌキに掛かるようにするためです。

落とし込み、アンダーベイト用のハリ

近年、船釣りで全国的なトレンドになった釣りに「落とし込み」「アンダーベイト」があります。空バリやサビキバリでベイトフィッシュを掛け、そのまま仕掛けを下ろして青ものな

胴打喰わせ 11 号

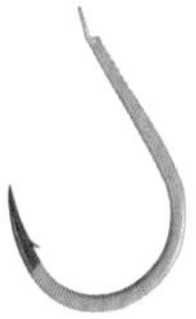

真鯛王ナノポイント 11 号

玄人アジ 12 号

A1 オキアミマグロ 20 号

どの大型魚を食わせる釣りで、ハリも独特です。

空バリの場合、それだけでイワシやアジを掛けなければいけないので、胴打ち加工で光を反射しアピールするようにできています。特に最上のエサとされるイワシには空バリが最適で、ファイバーなどを付けたサビキバリだとアジやイサキが掛かることが多くなるようです。

そんな小魚の口に入らなければいけませんし、かつ大型魚が掛かってからの頑丈さも求められるので、ハリサイズの割りには非常に太軸です。

アジバリ

船用のアジバリは伊勢尼型の変形でハリ先がやや内側を向いていますが、どちらかというと口切れを防ぐために口の奥でも掛かるように設計されています。細軸のものもありますが口切れを防ぐために、やや太軸で「玄人アジ」というハリはヘラバリのように腹打ち加工を施し、より口切れ対策が充実しています。

カワハギバリ

海底近くでホバリングの状態から、小さな口でついばむようにアサリなどのエサをつつき吸い込むカワハギの採餌方法はアタリが出にくく、いつの間にかエサを取られることもしばしば。その「エサ取り名人」のカワハギを掛けるために古くからあるのが、「ハゲバリ系」と呼ばれるハリ形状です。

フトコロからハリ先にかけて大きく開いた独特の形状が、カワハギ釣りに特化した「ハゲバリ」の特徴です。カワハギがエサをついばむ際に、「ハリ先だけでもカワハギの小さな口の中に入れてしまおう」というのが開いたハリ先の意図するところですが、当然開いただけの「レ」の字型ではハリ先が見当違いの方向を向いて掛からない（貫通力がない）ため、ハリ先にネムリを加え、ハリ先角度を小さくすることでハリ掛かりするようになっています。

競技カワハギくわせ 4.5 号

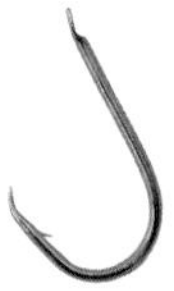

ハゲ鈎 11 号

T1 競技カワハギ AT4.5 号

競技カワハギ速攻 3.5 号

船のカワハギ釣りは積極的にアタリを出して掛けていく釣りのため、仕掛けは極端に短く太めのハリスを使い、わずかな変化でもサオ先にアタリがでやすいように高感度なものとなっています。またサオもかなりの先調子です。

カワハギの活性が低かったり、仕掛のテンションを抜く「弛ませ」や「這わせ」等の釣法が有効なときには、「早掛け系」と呼ばれるキツネ型ベースのハリで吸い込みを優先させ、口内にハリが入りやすいようにします。ただしテンションを抜くことでアタリが一段と分かりづらくなるため、同時に長めの細ハリスにして吸い込み性を高めるなどの工夫も必要となります。

タチウオバリ

エサ釣りのテンビン吹き流し仕掛けで使用するタチウオバリは、サバやコノシロの切り身をエサにするため長軸でケン付きなのが特徴です。またハリスをタチウオの鋭い歯から守るための長軸でもあります。

そのケンも特徴的で内外に1箇所ずつ付いています。これは切り身エサを縫い刺しでセットするとき、硬い皮の2箇所でケンによりエサがが止まるようにするためです。とにかく、この釣りではエサがハリからズレないことが肝要です。エサズレすると水中で回転したりするなどして、間違いなく釣果がダウンします。

マゴチバリ

三日月オモリに長めのハリスで1本バリというマゴチ釣りではエビエサを使います。その際、エビを海底で安定させるためにチモト下のハリ軸にヒューズと呼ばれるオモリを巻きます。したがってマゴチバリの軸はヒューズを巻き付けるのに最適な長さに設計されています。

独特のハリ形状は海底でエビを自然な状態にするためのものです。軸から下のもっとも長い部分が海底に沿い、軸は真上方向。ハリ先がエビの頭で外に出るか出ないかの位置でチモト向きにセットされます。

ムツバリなど深場の根魚用

ムツバリやオニカサゴバリなど根魚用のハリに共通するのは、ハリ先がネムリ形状になっていることです。理由は底ねらいのため、ネムリ形状のハリを使用することで根掛かりのリスクが軽減されることと、深場の釣りなので向こうアワセで掛かることが多いためです。さらにムツ類は歯が鋭いので、ハリス切れを防ぐためにも口中を滑って口に掛かりやすいネムリ形状がベストなのです。また深い海底から引き上げる際もネムリのほうがキープ力が高くバラシも少ないです。

カットウ釣りのハリ

カットウ釣りはエサに寄ってきたフグ類を引っ掛ける独特の釣りです。そのためイカリ形

ムツ 17 号

ケン付タチウオ
ST-R ワイド 2/0

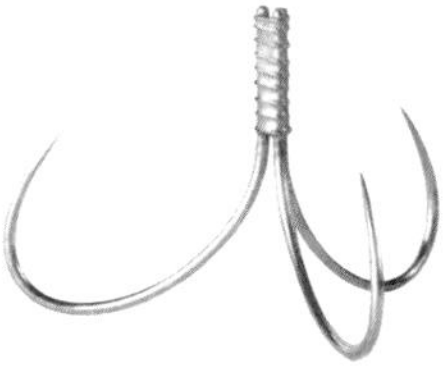

F1 カットウ鈎 L

改良マゴチ 17 号

状である多くのカットウバリのハリ先は上を向き、ハリ先角度が大きいのですが、がまかつの「Ｆ１カットウ鈎」はアユの掛けバリさながらのキツネ型を採用しており、ハリ先角度が小さく内向きになっています。

これは一見、掛かりにくそうですが実際はその逆で素早く掛かり、さらに深く刺さり込むのでバラシも少ないのです。また管付きではなくハリスを通して固定するため、アワセの邪魔になる管がなく、ハリスが出る方向も一定のためケラレが少ないというメリットもあります。

地域限定の個性的なハリ

周囲を海に囲まれ、沖縄から北海道まで南北に長い日本列島は、地域ごとに特徴のある対象魚が生息していたり、釣り事情も違います。そんなニーズに合わせて、地方でしかお目にかかれない個性的なハリも多く存在します。

まずは沖縄。釣れる魚は南方系で怪力の持ち主が多いことから、太く頑丈なハリが主体です。「カーエー」というのは沖縄以南に多いゴマアイゴのことで、大きなものでは50㎝を超えますが、パワーはそれ以上に半端なく使用ハリスも10号クラス。そのためカーエー用のハリは極太の線径で、ベースは伊勢尼型です。ハリスの結びのよさも考慮して種類によっては耳は管付きになっています。

近年、本州でも一部のファンが真夏に熱くなる「するするスルルー」という釣りがあります。キビナゴ（スルルー）を撒きエサ、食わせエサに使い、完全フカセスタイルでタマン（ハマフエフキ）などの大型魚をねらう釣りです。２０２０年夏発売の「ふかせスルルー」は、エサのキビナゴを目通しでセットしやすいように伊勢尼型を長軸にしたフォルムが特徴です。怪力魚タマン以外にもどんな大型魚がヒットするか分からないので、とにかく太軸で頑丈な

アキアジ24号

競技カーエー

ふかせスルルー16号

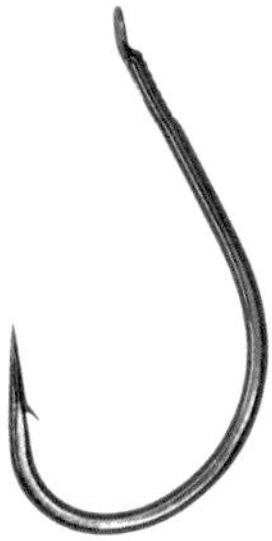

A1スーパーアキアG 20号

ハリに仕上げてあります。

東北、北海道向けには「アキアジ」というシロザケ用のハリがあります。こちらも魚体の大きさに合わせて強度がある太軸です。シロザケの口周りは骨張っていて硬いため、「早掛アキアジ」「A1スーパーアキアG」などのように、少しハリ先を内向きにして貫通力をアップしているのが特徴です。

代表的な釣りバリの特徴と求められる性能——ルアー釣り

アジング

アジングと呼ばれるルアーのアジ釣りでは、主にジグヘッドというチモト部分にシンカー（オモリ）がセットされたフックに、ワームと呼ばれる樹脂製の軟らかいソフトルアー（擬似餌）を装着して使用するのが一般的です。

ジグヘッドのシンカー部分（以降＝ヘッド）には、さまざまな形状があり、求めるアクションの違いにより使い分けます。

ヘッド形状には、あらゆる方向からの水の抵抗を均一に受け、スイミングとフォーリングのバランスがよい「ラウンド形状」、リトリーブすると浮き上がりやすい「コブラ形状」、リトリーブの際に一定のレンジをキープしやすい「バレット形状」、ロッドアクションにより左右にダートさせやすい「ダート形状」などがあります。

アジングでは10～30㎝のアジをターゲットにするため、ジグヘッドの大きさはブラックバス用と比較して小さく、多くのジグヘッドには「ラージアイ」と呼ばれるハリのサイズに対して大きめのアイが付いているのが特徴です。このラージアイにより、風の強い日や光量の

宵姫 AJ カスタム 1.0 g

少ない夜間、手がかじかむ極寒期でもスムーズにアイにリーダーを通すことができます。

たとえば、がまかつの「宵姫ＡＪカスタム」というジグヘッドに使用されているフックは、シンカーをしっかりハリに固定するため「レッグ」と呼ばれる急激に曲がった部分が設けられています。もちろんアイはラインが通しやすいラージアイが採用されています。

フックの軸は、良型のアジにも対応できる強度と身切れを軽減させるため、フックサイズ＃４で線径０・６４㎜と対象魚の割りに、しっかりした太軸の仕様です。またアジの口は薄く切れやすいので、バラシ軽減のため軸は平打ちではなく丸軸になっています。

バーブは軽い力でもしっかり刺さり込むようにマイクロバーブで、ハリ先は軽いアワセでも充分に刺さり込むように尖頭倍率が５・５倍と鋭く仕上げられています。

ヘッド重量はフロートリグ用の軽量な０・２ｇから急流

の深場にも対応する３ｇまでの全11ウエイトと幅広いラインナップになっています。

アジは他の魚と比較して両頬周辺の肉が極端に薄いため口切れでバラしやすく、それを防ぐには最も口切れしにくい上アゴの奥にハリ掛かりさせる必要があります。「宵姫ＡＪカスタム」は、アジがワームを吸い込んだ際に口奥でハリ掛かりしやすいように、ハリ先が外を向いたコンタクト性の高い（ハリ先角度の大きい）形状になっています。

トレブルフック

トレブルフックはルアーへの装着を前提として設計されています。最大の特徴は１本のハリにハリ先が３つあることです。

トレブルフックにはスプリットリングを介してルアーに装着するためのアイがあり、アイが付いている方向によって「縦アイ」と「横アイ」に分けられます。縦アイは縦向きのフックアイが付いたルアーに装着した際に、トレブルフックがルアーを正面から見て左右対称のバランスになり、横アイは横向きのフックアイが付いたルアーに装着した際に、ルアーを正面から見て左右対称のバランスになるように設計されています。

多くのルアーには縦向きのフックアイが付いているため、縦アイ付きのトレブルフックの割合が多くなっています。またトレブルフックのアイには、スプリットリングの装着を容易にする「マジックアイ」という便利な機能が付いたものも存在します。

多くのルアーはトレブルフックを2つ、または3つ装着することを前提としており、トレブルフックをルアーに装着する際は、前後のハリ同士が絡まないようにすることが重要です。ハリ同士が絡む場合は、ハリの大きさを小さくするか、軸の短いトレブルフックに交換することでハリ同士の絡みを解消することができます。

がまかつでいうと、軸の長いトレブルフックに「トレブルRBシリーズ」、軸の短いトレブルフックに「トレブルSPシリーズ」があります。

3つのハリ先があるトレブルフックは魚に2~3つのハリが刺さったときに、ハリ先が1本のハリとは異なり、ハリが曲がったり折れたりするほどの大きな力が加わることがあります。そのため、がまかつの多くのトレブルフックにはハリの変形を軽減させる平打ち加工が施されています。またハリ先が複数刺さる際、ハリ先1本ずつの貫通力が低下してしまうため、よりスムーズに刺さり込むように多くのトレブルフックでカエシの小さいマイクロバーブを採用しています。

複数のハリ先が刺さり込む=それぞれのハリ先同士が貫通を妨げるという懸念もあります。がまかつではこの問題を軽減するため、ハリ先が軸に対し平行になっているものが多くラインナップされています。例外として、「トレブル21」や「トレブル24」は、ハリ先が1本掛かった際の貫通力を高めるためにハリ先を内側に向けています。

トレブルフックはエサバリと比較して長時間繰り返し使用される場合が多く、ハリ先は耐久性の高さと刺さり込みのよさを両立させるため、トレブルRBシリーズでは尖頭倍率が4・5倍になっています。

さて、ここまではトレブルフック全般のお話でした。釣り場ではトレブルフックはトラウト、ブラックバス、シーバス、シイラ、マグロなど、さまざまな魚種に対して使用されます。そのため対象魚に合った線径の製品がラインナップされています。

例として、「トレブルSP」シリーズにはトラウト、ブラックバスに対応した「トレブルSP M（ミディアムパワー）」で＃3の線径が1・07㎜です。シーバスに対応した「トレブルSP MH（ミディアムヘビーパワー）」では＃3の線径が1・16㎜、シイラに対応した「トレブルSP H（ヘビーパワー）」では＃3の線径が1・36㎜、マグロに対応した「トレブルSP XH（エクストラヘビーパワー）」では＃3の線径が1・67㎜と、それぞれ想定する対象魚に対して最適なパワー設計となっています。

もちろん、アングラーは使用するタックルやフィールドによって自由に線径（パワー）のフックを選べるため、より戦略的なフックセレクトが可能です。

トレブル 21#8

トレブル SP MH#8

トレブル RB MH#1

トレブルフックは前記したとおりエサバリよりも長時間、繰り返し使用される場合が多く、ハリ自体の耐久性、特に錆に対する強さも求められます。そこでハリ表面にメッキ層や樹脂コーティング層を設けることで錆びにくさを向上させています。がまかつの「ハイパーシールド」と呼ばれる表面処理は、数ある表面処理のなかでも卓越した防錆効果を発揮します。

管理釣り場用トラウトフック

トラウトの管理釣り場、特にルアーフィッシング、フライフィッシングをメインにした施設（エリアとも呼ばれる）では、バーブレスフックの使用を前提としているところが多

R17-3FT＃18
（フライフック）

T1 シングルフック
AT-L 速攻＃6

くあります。

エリア専用のルアーフックは、ルアーの動きを妨げないように一般的なハリと比較して細軸軽量に作られています。また、アイはスプリットリングに装着した際に、ハリがよく動くようにラージアイになっています。

ルアーのトラウトフックには大別してスプーン用、プラグ用の2種類があります。スプーン用はスプーンに装着した際にハリ先が上を向くように横アイになっており、プラグ用はプラグに装着した際にハリ先が前または後ろに向くように縦アイになっています。アイにはスプリットリングへの装着が容易な「マジックアイ」が付いているものもあります。

また、細軸でもハリが曲がったり折れたりしにくいように平打ち加工が施されています。フック形状はタダ巻きの際にも向こうアワセでハリ掛かりするように、貫通力の高いキツネ型です。そしてバーブレスによるバラシを軽減するため、ハリ先はやや長めの内向きに設計されています。

管理釣り場のなかでも特にキャッチアンドリリースの施設では、繰り返しリリースされることで魚は非常にスレています。そのため小さなアタリでもしっかりハリ掛かりするように、管理釣り場向けのトラウトルアーフックは一般的なハリよりも鋭く作られており、尖頭倍率は6倍です。線径は「T1シングルフックAT‐L速攻」の#8で0・46㎜と、かなり細くなっています。

ジギングフック

ルアーのなかでもジギングフックは、エサ釣り用のハリとの相違が大きなハリです。ここでは少し詳しく解説してみましょう。

①想定している前提条件の違い

エサバリはハリをエサの中に入れるため、魚の口内でフッキングするように設計されています（魚種や釣法によって一部例外もあります）。

一方、ジギングフックは魚がメタルジグをエサと認識して吸い込もうとするため、フックまで口内に吸い込まれた場合は口内に、フックが吸い込まれなかった場合は口の外にフッキングすることもあります。したがって、ジギングフックは口腔外にもフッキングすることを前提に設計されています。

このように設計時の前提条件が異なるため、当然形状はエサバリとジギングフックでは異なります。

②何を最も重視するかの違い

口以外の周辺部位にもフッキングしやすい設計＝必然的に魚の身に対しても掛かりやすい形状になっています。魚の身に掛かりやすい……これを「初期掛かり」と呼びます。

次に、比較的大型魚をねらうことが多い釣りなので、大型魚の硬い口周りにハリを貫通させなければなりません。「貫通力」が重要です。この「初期掛かり」と「貫通力」という要素は、ジギングフックにとっては非常に重要で欠かすことができません。

ただ、この2大要素の両立は非常に難しく、作るフックのコンセプトに応じて「どちらに寄せるか」が設計の妙といえるでしょう。

これはエサバリも同じですが、エサバリの場合はこれらに加えて使用するエサに合う大きさ、エサを刺す際の持ちやすさ、刺しやすさ、エサのズレにくさ、姿勢など。さらに口内のどの部分に掛けるかも考慮して設計します。ハリの「ヒネリの有無」などはまさにそうです。

③ジギングフックにヒネリは不要？

エサバリにあってジギングフックにないものの代表例は、ヒネリでしょう。口内に掛けることを考えればヒネリは有効な手段の一つです。

ただしヒネリを加えると貫通力が低下します。前述したとおりジギングフックは貫通力が不可欠な要素であり、貫通力を高めるという意味でもヒネリはないほうが望ましいのです。またジグへのフックの抱き着き（フック絡み）の少なさ、根掛かり時の回収率の高さなども、どちらかというとヒネリがないほうがよいのです。

それでは「ヒネリ入りのフックはジギングには絶対に使えないのか？」というと、実はそうではありません。吸い込む力の強い青ものや根魚ねらいでは、あえて口内でハリを掛けることを目的にヒネリが入ったハリを使用する釣り人も多いようです。また、ジギング専用フックがなかった時代は、軽さ、掛かりのよさなどの理由から、エサ用のソイバリやアキアジバリを使用するアングラーも多かったと思います。要はアングラー側の目的が明確であれば、ヒネリ入りのハリもジギングフックとして有効に機能するといえます。

がまかつ製品では、掛かりのよさから「ソイ」や「A1スーパーアキアG」、ライト系なら「小鯛」を愛用するアングラーが多くいます。ちなみに貫通力重視の設計である「ジギングフック近海MS」は、実は「A1スーパーアキアG」がベースです。

また「ソイ」の形状は初期掛かり、貫通力、キープ力のバランスが取れており、ジギングでもオールラウンドな形状といえます。同じくヒネリがなくアシストフックにも採用されている「改良ソイ」もジギングに最適です。近海の青ものねらいなら22、24号、ライトジギング主体なら18、20号がオススメです。

●ジギングフックのハリ先角度

①ハリ先角度の小さなフック

がまかつのジギングフックで小さなものの代表は「ジギングフック近海MS」「シングルフック62バーティカルヘビー」で貫通力に優れています。フックが引かれる方向にハリ先も向いているので、アワセの力が伝わりやすく軽い力でもしっかりと身に刺さり込みやすいのです。フッキングパワーがそれほど強くないライトタックル（PEライン2号まで）を使用する青ものねらいや、ディープエリアなどでフッキングパワーが伝わりにくいシチュエーションで、大型魚の反転するパワーを利用して効率よく、ある程度はオートマチックにフッキングすることができます。

②ハリ先角度の大きなフック

代表としては「ジギングフック近海ファイン」や「ジギングフック鎌斬《かまきり》」がこのタイプで、

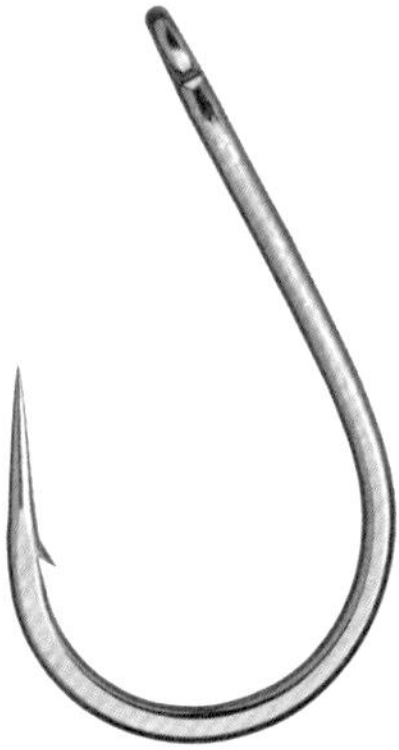

シングルフック 62
バーティカルヘビー 6/0

ジギングフック
近海 MS 2/0

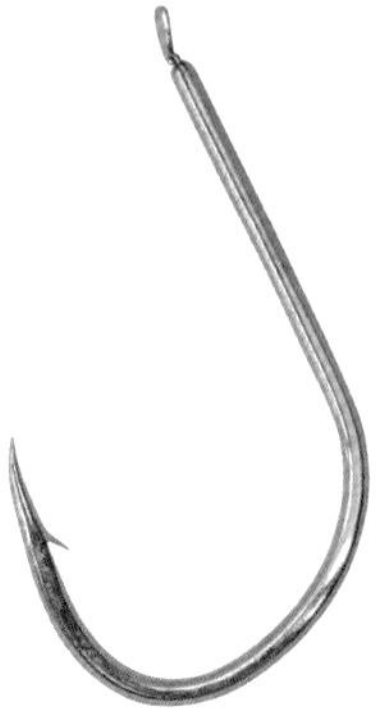

ソイ 24 号

ジギングフック
近海ファイン 1/0

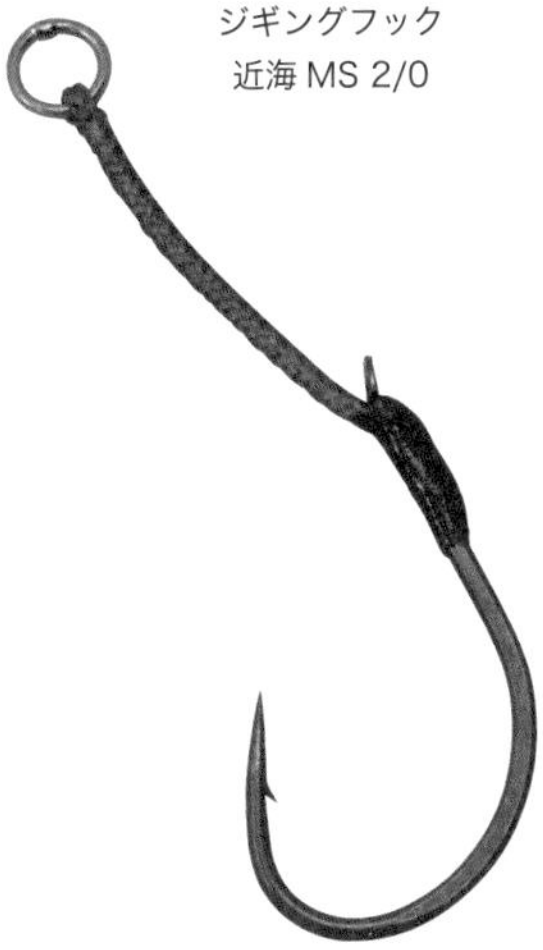

アシストフック
近海 MS 4/0 シングル

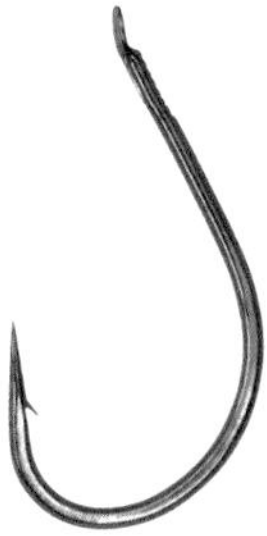

A1 スーパーアキアG 20 号

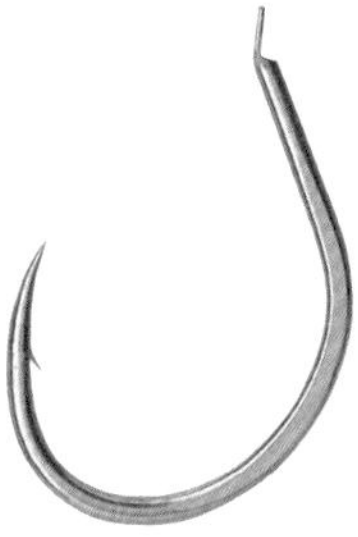

ジギングフック
鎌斬 4/0

改良ソイ 22 号

小鯛 12 号

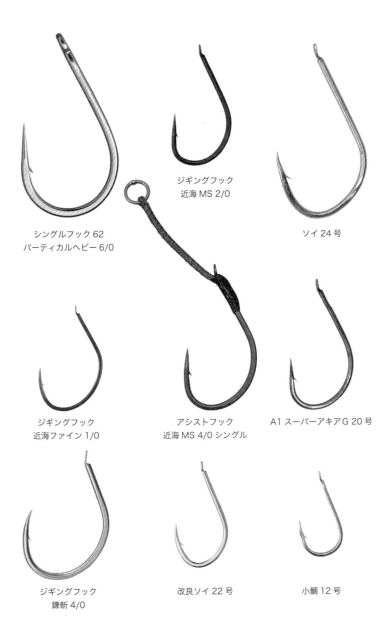

初期掛かりに優れているのが特徴です。ハリ先角度が大きく、魚の身に対してより垂直に近い角度で刺さり込もうとするので魚とのコンタクト性が高くなります。

たとえばジグにまとわり付いてくる魚を、ジャーク中、フォール中にかかわらずとにかく掛けたい、もしくは吸い込みの弱い魚や低活性時など、魚は追尾してくるが吸い込みが弱い状況でとにかく掛けたいという場合には、このようなハリ先角度が大きく、初期掛かりに優れたフックが効果を発揮します。

タイラバ用フック

タイラバ、タイカブラなどはエビでタイを釣っていた漁師さんがエサの代わりに海藻を付けたことが始まりとされています。もともとは職漁師さんの漁具だったわけです。エサがなくても手軽にマダイを釣ることができるので、アングラーがゲームフィッシング用のルアーとして注目、発展してきました。専門の遊漁船も多く初心者でも釣りやすいのですが、状況によっては釣果に大きな差が生まれます。

シンカー、スカート、ネクタイ、ソフトプラスチックベイトなどの装飾具の工夫はもちろん、ハリ、ハリスのセッティングで釣果が大きく左右される、奥の深い釣りとして人気が高まっています。

タイラバ用フックは、以前は伊勢尼型が一般的でした。しかしロッド、リール、ラインの進化がめざましく、それに合わせてフックも多様化しています。

タイラバ用フックは「刺すハリ」と「掛けるハリ」を両極とし、その中間（ベーシックタイプ）という3つのグループに分類できます。

①刺すハリ／例「フッキングマスター」「パワープレイ」

「刺すハリ」とは口内だけではなく、口周りにハリ先が立ったときに、より深く刺し込むように設計されたフックのことです。

ハリ先端はストレートポイントで、貫通力を高めるために尖頭倍率5・5倍というロングテーパー設計になっています。ただハリ先角度が大きいため、フッキングパワーがハリ先を開こうとする力にも分散されがちです。そのロスを最小限にするにはハリのタワミを抑える設計が必要で、「フッキングマスター」は線材に剛性、粘りを両立させたTGW（トーナメントグレードワイヤー）を採用。「パワープレイ」では、がまかつで最強硬度、高剛性の「G-HARD V2」が採用されています。

②掛けるハリ／例「ファインマスター」「バーブレスタイプF」

「掛けるハリ」は口内ではカンヌキや歯の手前の上アゴなど、口の外では唇など軟らかい部分にフッキングさせることを目的としています。マダイの唇は非常に強く、大ダイでも唇をしっかりと掬《すく》うように掛かれば、バレることは少ないものです。したがってハリ先が接触しても歯、ウロコなどの硬い部位にはハリ先が立たず、あえて滑らせてマダイの軟らかい部位に掛けることに目的を絞ったハリ先形状です。

具体的にはカーブポイント（シワリ）が強く、ハリ先角度が小さくなっています。そのため一旦ハリ先が接触すると、あえてフッキングパワーを伝えなくても、スムーズにフトコロまで刺さり込みます。まとわりつくように接触することをねらった細軸軽量設計で、ＴＧＷを採用し、軽量化と剛性確保を両立させています。

「ファインマスター」はカーブポイントとのバランスを考えた長軸設計。ハリ先角度を最適化させたフックデザインで、オートマチックなフッキングが可能な形状です。

「バーブレスタイプＦ」はショートシャンクでカーブポイントも深く、唇掛けに特化していきます。開発担当者の話では90％以上の唇フッキング率を誇るそうで、神経質な大ダイも小さなハリで唇フッキングに持ち込むことが可能な形状です。またバーブレスにすることで手返しもよく、高活性時の数釣りにも適しています。バーブレス＝バレやすいというイメージがあるかとは思いますが、タイラバ用の柔軟なロッド、細いＰＥラインに合わせてリールのドラグセッティングを緩めにしておけば、バレることはほとんどありません。

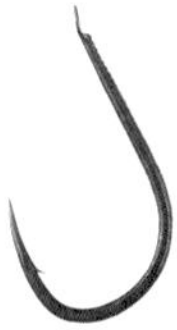

サーベルポイントＭ

サーベルポイント
ファインマスターSS

サーベルポイント
フッキングマスターＭ

サーベルポイント
バーブレスタイプＦＳ

G-HARD V2
桜幻カスタムフック
パワープレイＭ

③中間（ベーシックタイプ）／例「サーベルポイント」

「サーベルポイント」は、がまかつの初代タイラバ専用フックです。わずかなカーブポイント、ロングテーパー、マイクロバーブで、刺すことも掛けることもこなすオールラウンダーという位置づけです。そしてこのハリをベースに「刺す」「掛ける」に特化したハリが派生したといいます。

材質は強度と粘りのバランスが取れた高炭素鋼。発売開始からかなり時間が経ったそうですがいまだに需要が高く、タイラバ用フックとしてロングセラーとなっています。

これらの個性豊かなハリをＰＥやア

ラミド系のブレイデッドライン（編みイト）と組み合わせ、タイラバにセットするのは2本バリが一般的ですが、1本バリや3本、4本と、釣り人の好みでさまざまなリグ（仕掛け）が手軽に工夫できるのが、この釣りの魅力です。

4章　釣りバリができるまで

1本の線材はどのような工程を経て
釣りバリになっていくのか。
素材の解説から製造工程を順に追っていく。

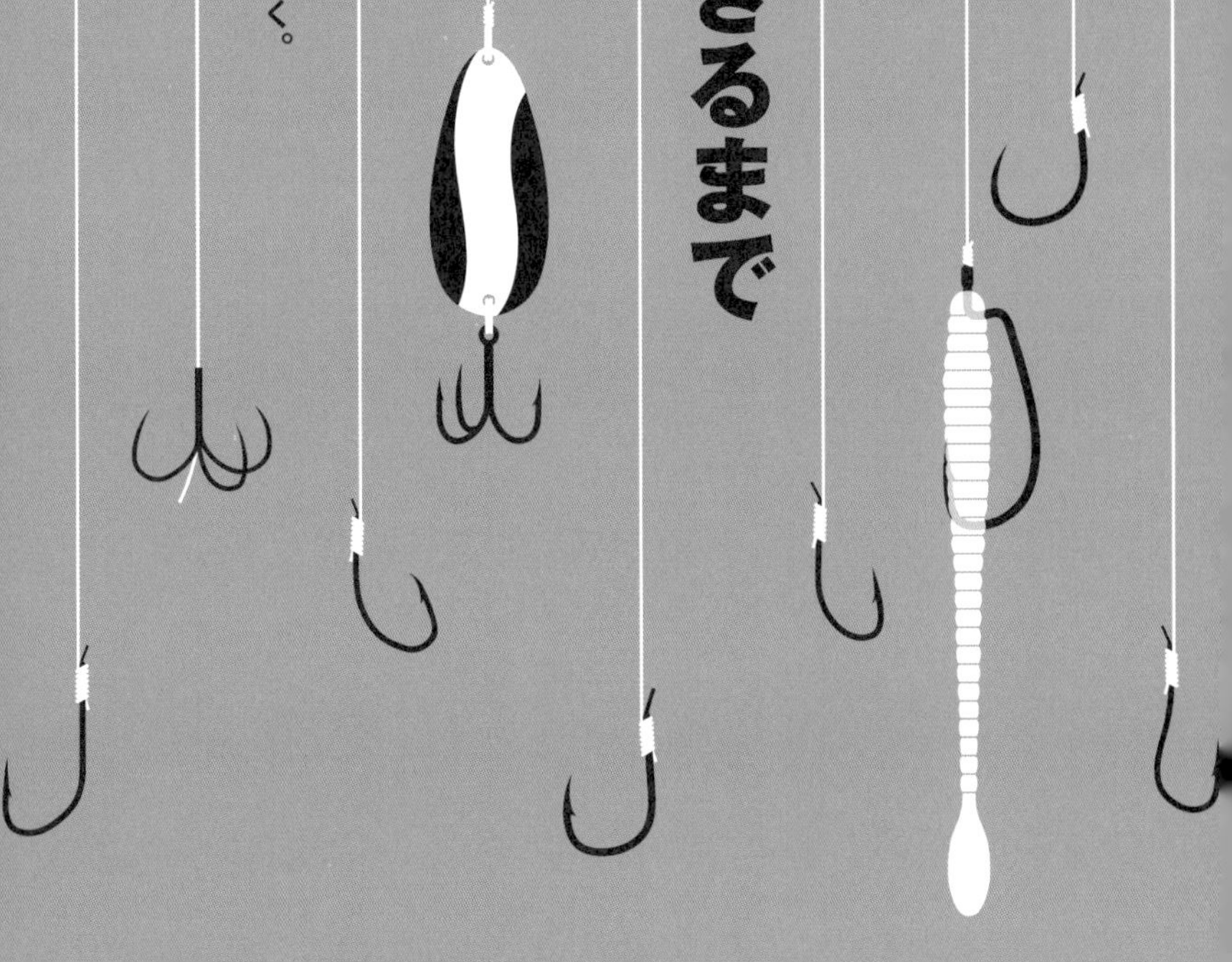

釣りバリの材料の多くは鋼です。鋼は、強度を持たせるために、意図的に炭素を0・02～2％含ませた合金で、私たちが普段の生活で見かける鉄と呼ばれるもののほとんどが鋼です。鋼は「炭素鋼」とも呼ばれます。また鋼は鉄、炭素以外にシリコン、マンガン、硫黄なども含有しています。

高純度の鉄は特殊な材料で非常に軟らかく、加工が難しいため工業製品にはほとんど使用されていません。

鋼は鉄と炭素（カーボン）からなり、一定量までは炭素量が多いほど硬く、強くなるという傾向にあります。炭素量を増やすと硬度は上がりますが、同時に「靭性《じんせい》」と呼ばれる粘りやしなやかさが失われ、限界を超えると折れてしまいます。

靭性が高いということは折れにくく、粘り強いということなのです。

このように強靭で加工しやすい鋼ですが、炭素量によって優れた硬さとしなやかさを同時に得ることはできません。目的に応じて硬さと靭性のバランスを決めることが必要なのです。

鋼はそれ自体合金ですが、さらに炭素以外のさまざまな元素（クロム、ニッケル、モリブデン、タングステン等）を加えた特殊合金鋼があります。これにより硬度、強度、粘り強さ、耐磨耗性、耐熱性、耐食性などの特性が増すのです。

ハリの素材

釣りバリの素材はおもに０・６～０・８％の炭素を含む鋼を使用しています。炭素が１％含まれている鋼が１００カーボンと表現されることもありますが、「カーボンが１００％」という意味ではありません。この１００カーボンもハイグレードな釣りバリに使用されています。

炭素鋼は、用途によって加工（伸線）され、ピアノ線、エンジンのピストンリング、ラジアルタイヤ内のワイヤ等さまざまな物にも使用されています。

がまかつでは主に炭素鋼のなかでも高炭素鋼の線材を使用しています。またＡ１、Ｔ１と呼ばれる特殊合金鋼、現在の「Ｇ-ＨＡＲＤ Ｖ２」に採用されているハイス鋼（ドリルなどの素材であるハイスピード工具鋼）等、ハリの素材は何種類か存在します。餌木の傘バリに使用されているのは錆びにくいステンレス鋼です。

現在の釣りバリの素材は、用途に合わせて向き不向きで使い分けられます。

素材の変遷

現代の釣りバリの素材は、大きなカテゴリーでいうと次の４つになります。

・鉄
・炭素鋼
・ステンレス鋼
・合金鋼

また、高炭素鋼のなかに炭素鋼をベースにした合金鋼のＡ１、Ｔ１（炭素含有率１％の高炭素鋼ベース）があります。Ｇ-ＨＡＲＤ、Ｇ-ＨＡＲＤ Ｖ２はハイス鋼です。

がまかつの歴史からいうと、鉄の侵炭でハリ作りを始め、昭和30年代に炭素鋼を取り入れたハリ作りがスタートしました。

現在の日本でも鉄製のハリを製造しているメーカーは多少あります。国内需要はほぼありませんが、商業漁業用としてローコストで生産し、海外へ輸出されています。

炭素鋼はカーボン含有率が低いほど軟らかく加工しやすくなります。たとえば軸から管にかけてクランクするようなワームフックは60カーボン（含有率０・６％）、チヌバリや伊勢尼

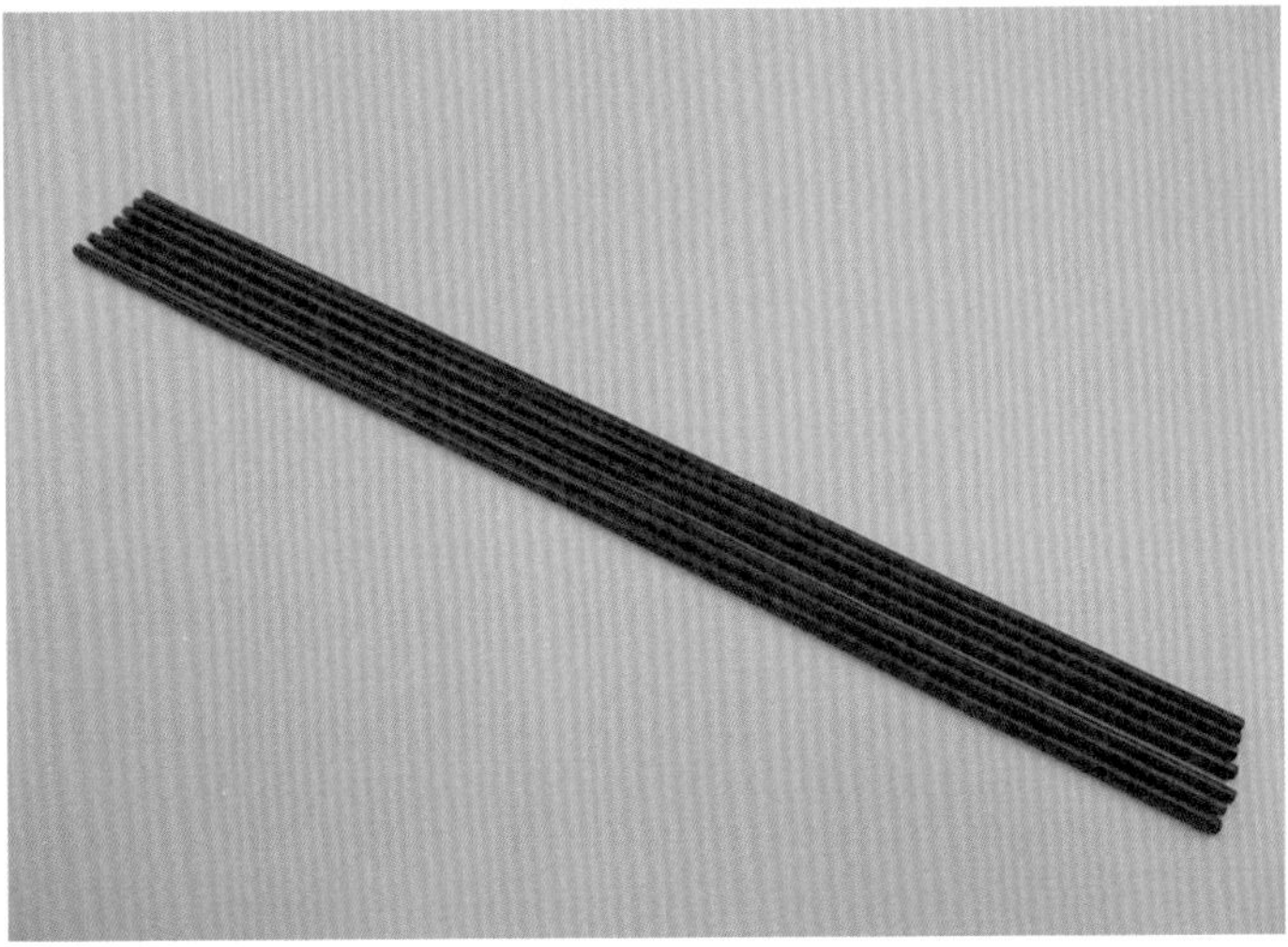

直伸切断を終えた線材。この１本１本がハリになる

など一般的な形状のハリは80カーボン（含有率０・８％）です。底石に常時ハリ先が当たるアユバリなどは１００カーボン（含有率１％）が主流です。

炭素鋼ほど釣りバリには用いられないステンレスですが、ステンレスにもいろいろ種類があり、絶対に錆びないわけではありません。錆びるステンレスもあるのです。さらに焼きが入るステンレス、焼きが入らないステンレスもあります。もっとも一般的なSUS３０４というステンレスは、錆びにくいが焼き入れができない素材です。

餌木の傘バリに松葉タイプがあり、これにステンレスが採用されるのは根掛かりしたときに傘が開いて餌木のロストを回避するためです。

釣りバリの製造工程

①線材の選択　製造するハリの種類に合わせ、さまざまな高炭素鋼線材を準備します。

②直伸切断　コイル状線材の曲がりを矯正し真っすぐにします。その後、連続して製造するハリの長さに合わせ切断します。

③尖頭加工　直伸切断した線材の端を尖らせハリ先を作ります。ハリの種類毎にさまざまな形状があります。

④成型加工　がまかつでは魚種や釣法、大きさ別に設計された数千種類もあるハリの形状に合わせ成型します。

⑤熱処理　ハリの強度アップ、耐摩耗性アップ、粘りを持たせるため焼き入れ、焼き戻しを行ないます。

⑥化学研磨　ハリ全体の表面を滑らかにし、ハリ先を尖らせるために化学研磨（酸系の化学研磨液へ浸漬）を行ないます。

⑦表面処理　ハリの用途に合わせ、低摩擦、高防錆などの機能性や装飾性を向上させるためにメッキや塗装を施します。

⑧製品検査　ハリ先の鋭さ、硬さ、粘りなどハリの仕上がりをチェックし合格したものが製品になります。

以上、ハリ製造工程をざっとまとめましたが、ここからは各工程を、さらに詳しく解説しましょう。

●直伸切断

最初の直伸切断作業では、製造するハリの全長に数ミリほど余裕を持たせた長さでネジレやたわみを矯正しながらカットします。見た目に真っすぐでも焼き入れすると曲がってしまったりすることもあるので、いかにネジレを除去するかがノウハウです。現場では専用の機械で線材に矯正をかけながら加工します。

●尖頭加工

直伸切断された線材は、円形の砥石を利用した専用機械に入れ、送り込んだ線材を回転させながら先端を削ります。これがハリ先になるのです。

このときに砥石の当て方を調整し、ハリ先の角度を出します。尖頭の度合いを示すのに、がまかつでは線径の何倍という形で円錐の高さを定義し、尖頭倍率として管理しています。

釣りバリができあがるまで

①線材の選択

ハリの種類に応じてさまざまな線材を使用

②直伸切断

直伸加工を施してコイル状の線材を真っすぐに矯正する。その後、ハリの長さに合わせて切断

③尖頭加工

線材の先端にハリ先を作っていく。ハリの種類によってさまざまな形状、尖頭倍率がある

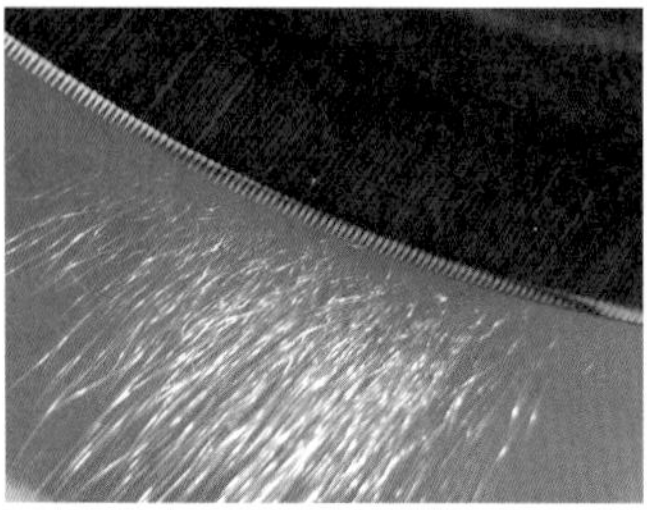

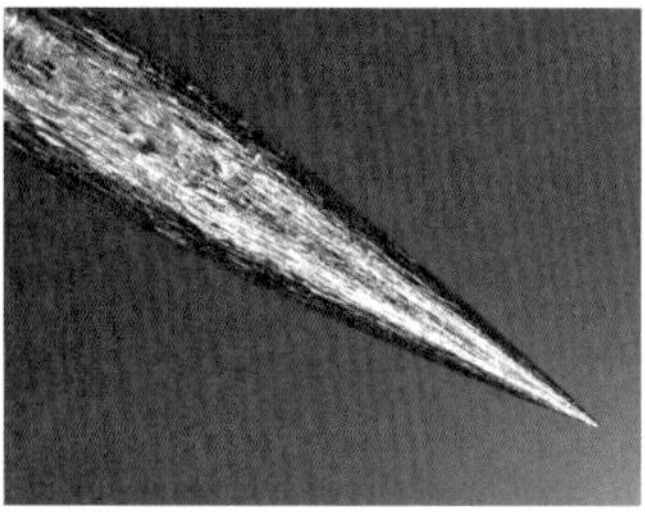

④成型加工

数千種類あるハリ形状１つ１つに合わせて加工を施す

⑤熱処理

焼き入れ（上）・焼き戻し（下）を行なうことでハリの強度、耐摩耗性を高め、同時に粘りを持たせる

⑥化学研磨

ハリの表面状態の向上と、後工程のための洗浄を兼ねて専用の薬剤に浸漬させる

⑦表面処理

ハリの種類や用途に応じてメッキ（上)、塗装 (下) を行なう

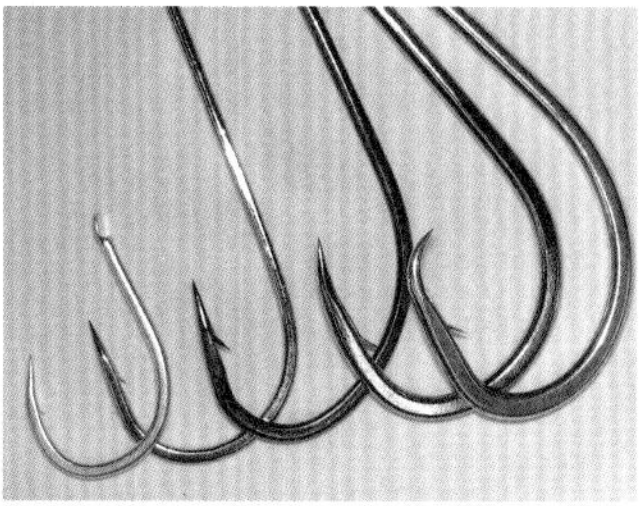

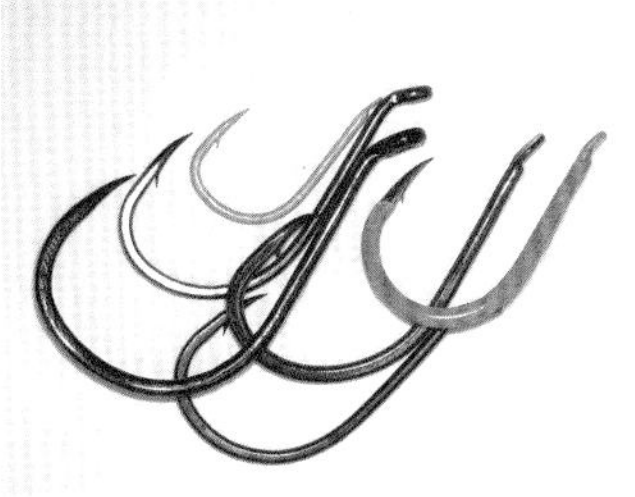

⑧製品検査

成型、熱処理、化学研磨後の各検査に加えて、完成品の最終検査をそれぞれ専用測定器を用いて行なう

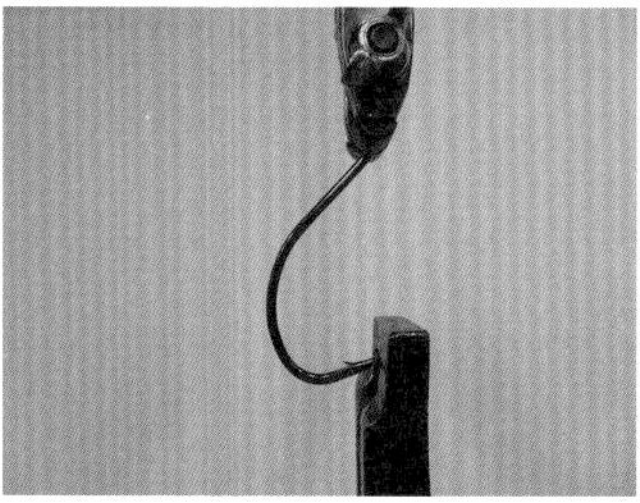

一般的なハリの尖頭倍率は4～5倍です。刺さりが命のようなハリは尖頭倍率が高く、10・5倍程度となっているものもあります。

このように製造するハリに合わせて3・3倍から10・5倍まで尖頭倍率にはかなりのバリエーションがあります。ちなみに3・3倍はイシダイバリ、10・5倍はアユの掛けバリです。

また、尖頭形状もさまざまです。2段尖頭のようにハリ先の角度を変えるのは、魚の骨まで断ち切っても刃こぼれしにくい出刃包丁と、刺身を美しく仕上げる刺身包丁で刃先の角度が違うように、ハリ先も角度を変えることで強度や耐久性をアップさせたり、より刺さりやすくすることなどが目的です。

基本的にハリでも包丁でもハリ先、刃先が鈍角なほど耐久性があり頑丈で、鋭角なほど刺さり、切れ味がアップします。アユのウロコで滑らずウロコを貫く必要がある掛かり重視のアユバリは鋭角、イシダイの硬い歯に当たってもハリ先が折れず、さらに歯の上で滑らせてカンヌキなどの軟らかい部分に掛けるイシダイバリのハリ先は鈍角になっているのです。アユバリは川底の石にも当たるので鋭さだけ追求すればよいわけではありませんが、ハリの用途に合わせ尖頭倍率は変わってきます。

ハリ先は、化学研磨で最終調整しますが、ハリ先の角度は、おおむねこの尖頭作業で形成されます。

●成型加工

成型工程では、線材を1本ずつ連続搬送し、チモトを作ったりカエシを入れたりハリの形に曲げたりという一連の工程を自動で行なっていきます。

たとえば一般的なチヌバリの場合、ハリの長さに合わせて切断したら、タタキ、カエシ、型曲げの順で成型が進行していきます。これを1本ずつ連続して行なうわけですが、昔は線材200本なり300本なりをまとめて一気にカエシを作り、一気に型曲げする方法もありました。連続成型の現在のハリ型は1本用ですが、当時は何百本用の大きなハリ型だったといいます。作業としては早そうに思えますが、その数百本を曲げの機械にセットするほうが実は非常に手間がかかるのでした。

それが現在はボタンひとつ押せば自動的に行なえるようになっています。ただしクエ用など特大サイズのハリで製造数も多くないものは、今も昔ながらの方法で職人が製造する場合もあります。

●熱処理

成型工程が終わると焼き入れに進みます。ハリにはハリ先の鋭さや形状なども重要ですが、もうひとつ大切なのが強度、靭性。その性能を左右する焼き入れなど熱処理の技術は各社極秘の部分です。

熱処理工程は主に焼き入れと焼き戻しがあります。

焼き入れの温度は鋼種によって変更しますが、一般的には８００℃前後です。また焼き入れをする時間も線材によりさまざまです。豊富な線材が開発される以前は、侵炭と呼ばれ壷の中に成型後のハリと炭の粉を入れ、壷ごと９００℃以上に加熱してから水に入れて冷却する原始的な方法でした。こうすることで線材の表面に炭素が取り込まれます。現在では焼きムラをなくすため、重ならないようにハリを並べ、順次炉の中に投入し、炉の中を通過して数分で出口から冷却用の油の中に落ちる仕組みを自動化しています。

焼き入れは鉄を硬くするのが目的です。鋼は加熱や冷却することで内部構造が変化します。この性質を利用することで硬度を向上させるのです。焼き入れ前は「球状パーライト」と呼ばれる組織です。これを変態点（物質が変態する一点の温度と圧力）以上に加熱することで、「オーステナイト組織（鉄のγ鉄に炭素や合金元素などの他の元素が固溶したもの）」にした後、急冷し「マルテンサイト組織（鋼や鋳鉄をオーステナイトから急冷することで得られる組織）」に変化させます。

焼き入れで硬度は大幅にアップしますが、このままでは瀬戸物のように非常にもろい状態で、太いハリでも指先の力で簡単に折れてしまいます。そこで次に行なうのが、粘りを出し簡単に折れなくする焼き戻しという工程です。これにより見た目の組織はマルテンサイトと変わりありませんが、非常に粘りがある「焼き戻しマルテンサイト」に変化します。

焼き戻し温度や時間は線材によりさまざまで、ほんの短時間の場合もあるし一晩かけて行なうこともあります。温度に関しては300℃以下の低温で、油の中で行なう場合と、炉で行なう空気焼き戻しの2パターンがあります。

熱処理では焼き戻し具合の見極めが難しく、過度な焼き戻しは軟らかくなりすぎ、不足すると折れやすくなります。釣りバリは「伸びにくく折れにくい」という極限の調整がされているのです。

硬さの調整はハリの種類によってさまざまで、たとえば海外のハリメーカーは軟らかく伸びるハリが多いようです。一方、がまかつのハリは硬めの設定です。「伸びる」「折れる」の限界をねらった高度なハリといえます。

ハリの熱処理で難しいのは線材の種類・線径によって処理する温度を微妙に変えなければならない時があることです。特に軸の細いハリでは少しの加温で硬さが変化しますので適正な硬さと靭性を出すために神経を使います。そこが熱処理工程の腕の見せ所なのです。

このように熱処理の条件によって性質がころころ変わるのが鋼の特徴なのです。

●化学研磨

熱処理を終え洗浄されたハリは化学研磨の工程へ進みます。炭素鋼の表面には、線材の時点で錆びにくくするなどの目的でリン酸塩被膜という黒っぽい被膜を施す処理がしてあります。そのままでは見た目が悪くメッキの乗りもよくないので、リン酸塩被膜を落とすと同時に、ハリ表面の平滑化やハリの先鋭化をはかるため、専用の薬剤に浸漬する必要があります。それが化学研磨です。

ハリ先の鋭さだけでいえば化学研磨を終えた直後、メッキなどの表面処理をする前が一番ですが、そのままだと非常に錆びやすいのです。

ただし長時間、薬剤に浸漬すればよいというものではありません。長く漬け込みすぎるとハリがどんどん痩せて細くなってしまいます。数マイクロメートルという単位の世界ですが非常に大切な工程なのです。

実際には種類が違う薬剤、水洗など複数の槽を順次くぐらせるという大変な作業です。

5章　続・釣りバリができるまで

化学研磨した釣りバリは
メッキや塗装などの表面処理を施す。
それにはどのような意味と効果があるのだろうか。

表面処理はなぜ必要か？

化学研磨を終え鋼むきだしの釣りバリは形こそ完成していますが、そのまま使用すると、海水に浸かった場合はものの30分で変色が始まり、2〜3時間で赤錆が発生し始めます。そこでハリ表面を処理し、錆びにくくする必要があります。線材の違い（炭素の含有率の違い）や熱処理の違いで若干差はありますが、防錆処理をしないと、たいていのハリは6時間もあれば全体が錆びてしまいます。

ところで、「錆とは何ぞや？ 鉄が錆びるとどうなるのか？」ということをまず知っておきましょう。

ここからはイメージの世界ですが、鋼が水分に触れたとき、規則正しく並んだ鉄の元素が腐食されて反応しやすい状態（イオン化）になり、それに酸素が結びつくと、その部分だけがボコッと膨らみます。それを繰り返すことで鉄の表面から隙間だらけのボコボコになり、組織がボロボロになっていくのです。これがいわゆる酸化鉄、赤錆です。金属的な性質がなくなった赤錆は本来の鉄とはまったく違う物質で、もろく弱いのはこのためです。

一般的にハリを淡水の釣りで使用した場合と海釣りで使用した場合に、海のほうが錆びやすいというのは、ご存じのとおりです。その違いを生むのは水中に含まれる塩分、その濃度です。塩分が濃くなるということはスポーツドリンクでおなじみの電解質が多くなるということで、水に電気が流れやすくなります。錆の発生には電気の流れ（電子の授受）が必要ですので、塩分濃度が高い海水中では電気が流れやすくなり、金属が錆びやすくなります。また、塩分の構成元素は鉄を含む数多くの金属を腐食しやすくする効果もあります。

ハリの錆びやすさは、同じ海でも塩分濃度や温度、海水中に溶け込んでいる酸素量などによって変化します。

一方、真水ではどうでしょうか。純水中では電解質ゼロのため錆は発生しません。しかし、自然界の川や池、湖の水には何らかの不純物が含まれるため、海水ほどではないものの電気的な流れが発生し、時間はかかりますが錆が発生します。また淡水中で使ったハリを空中に出したときに大気中に含まれる物質が付着し、これも錆の原因になります。

表面処理の種類

釣りバリの表面を処理する方法にはメッキ、塗装などがあります。

まずメッキですが、ひと口にメッキといっても装飾メッキ、防食メッキ、機能メッキに大別できます。がまかつでいうとハリ表面を美しく見せる装飾メッキがニッケルメッキ、ニッケル錫合金メッキなど。錆の発生を遅らせる防食メッキが「ハイパーシールド」。メッキすることで機能を付与する機能メッキが「ナノスムースコート」「ナノアルファ」になります。

主なメッキの種類は以下のとおりです。

・ニッケル
・黒色NS（ニッケル・錫合金）
・錫（すず：塩分に強く一部のジギングフックなどに採用）
・金
・銀
・銅（がまかつ製のハリには不採用。ブロンズ色を出したり他のメッキの下地として使用される）
・亜鉛合金
・ナノスムースコート
・ナノアルファ

ちなみに赤錆は鉄特有の錆で、メッキで使用される金属にも錆は発生します。銅の緑青は有名なところですが亜鉛では白錆、錫の錆は何と透明！　ニッケルは緑っぽかったりします。

装飾メッキ

いろいろある釣りバリのメッキですが、もっともオーソドックスなのが塗装前の下地にもなる銀色に輝くニッケルメッキで、装飾メッキとして光沢を付与するのが最大の目的です。またニッケルは鉄よりも錆びにくく防錆効果も期待できます。

銀色、シルバーカラーといわれるハリのほとんどは、このニッケルメッキによるものですが、ごく一部に純銀を使用しているものもあります。がまかつでは「パールホワイト」と呼ばれるカラーのハリが銀メッキです。また、いわゆる金バリは金メッキが施され、ハリ表面にメッキされているのは紛れもなく純金です。金は非常に薄いメッキ層でもきれいに発色するので、高価な金属ですが釣りバリに使用できるというわけです。その層の厚さ（というより薄さ?）は0・05マイクロメートルということですが、ちょっとイメージできませんね。

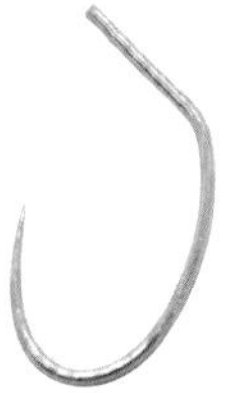

がまかつから以前市販されていた「金狐」（拡大写真）。ハリには金メッキが施されている

余談ですが、釣りバリに施されるメッキは原始的ではありますが非常に特殊で、専門の業者さんでないとなかなか難しいです。釣りバリ製造の歴史は分業化の歴史でもあり、釣りバリのシェア

が兵庫県で90%以上なのは、その中心の播州地方でないと釣りバリ製造に関連する各工場が揃わなかったことも一因でしょう。

古くは切断だけ、尖頭だけ、成型だけといったスタイルで、すべて分業化されていました。がまかつのように現在は製造工程のほとんどを自社でまかなうメーカーも珍しくありませんが、今でも製造過程の一部だけで生計を立てている業者さんが数社はあるようです。なかでもメッキの工程は非常に専門性が高く、そのノウハウは門外不出とのことです。

技術的な話になりますが、釣りバリ表面をコートするメッキの方法には電解メッキと無電解メッキがあります。電解メッキは理科の授業で習ったことがある化学電池と同じ理屈です。メッキしたい金属が溶け込んだ液にハリを入れ電気を流すことで、液に溶け込んだ金属をハリ表面に付着させます。電解メッキは光沢剤を添加することで表面に光沢を出せるのが特徴です。

一方、無電解メッキは特殊な形状のハリなどに使用されます。ハリの種類によっては、電解メッキではどうしても電気の流れの影になる部分が発生し、メッキが薄くなる部分ができます。無電解メッキは電気を流さず液体内のハリの周りだけで発生する電位差でメッキを施す技術です。ちなみに釣りバリで採用されている無電解メッキはニッケルだけです。

実は、複合メッキである「ナノスムースコート」も無電解です。電気を流す電解メッキは、鋭利な部分、釣りバリではハリ先やカエシの先端などに電流が集中し、メッキが分厚くなる傾向があります。それではせっかくの鋭いハリ先の貫通力が損なわれてしまいます。無電解ではハリ表面すべてで均一に電子のやり取りが行なわれるため、メッキ層も均一で鋭いハリ先が保てるのです。

防食メッキ

防食メッキというのは、釣りバリの場合は錆を出さないことが目的です。装飾がメインですが防錆効果もあるニッケルメッキなどは、ハリ表面を鉄より錆びにくいニッケルで覆うことで鉄が海水と接触するのを避けて錆びにくくなるのですが、防食メッキとして注目すべきは亜鉛合金メッキの「ハイパーシールド」です。これはハリ表面に亜鉛合金の被膜を作り、その亜鉛被膜を錆びさせることで内部の鉄の部分を守るというシステムです。表面色はシルバーですが、腐食が始まると亜鉛メッキが黒く変色します。外観は損なわれますが、ハリ先の鋭さや強度的には問題ありません。

亜鉛は鉄より錆びやすい金属です。鉄の腐食が始まる前に表面の亜鉛が錆びることで、内部の鉄を錆びさせる電気的な作用を起こすのを防ぎます。この技術は船底の防錆処理にも使われ、漁船の舵に亜鉛のプレートを貼り舵本体の錆を防ぐのも同じ理屈です。

鉄と亜鉛で電気が流れるように繋がってさえいれば、錆びやすいものから錆びるということですが、不思議ですね。この技術を「犠牲陽極」と呼びます。大切な本体を錆びさせないために、あえて表面に錆びやすい金属のメッキをする。表面のメッキ層が電子の授受に対応できる間は、本体は錆びないのです。

「ハイパーシールド」採用のハリでは、まず黒く変色し、その後、白っぽくなります。これが亜鉛合金被膜の錆です。この時点では線材の鋼に錆が発生していないので、ハリの強度が長期間保てるのです。わずか数マイクロメートルのメッキ層で短くても数ヵ月、長い場合は年単位で耐久性が維持できるとは驚きです。

ちなみに何ヵ月も同じものを使用する漁師さんのハリが錆びにくいのは、メッキではなく線材そのものがステンレス製だから、ということです。そういえば取り替えのきかない餌木のカンナもステンレス製ですね。

機能メッキ

ハリ表面の摩擦抵抗を軽減、ハリの貫通力を向上させることを目的とした機能メッキである「ナノスムースコート」は、厳密には複合メッキに分類されます。フライパンのフッ素樹脂加工など使われるＰＴＦＥ（ポリテトラフルオロエチレン）の微粒子を金属のメッキ層と同時にハリ表面に付着させる技術で、さらに防錆効果をプラスしたものが「ナノアルファ」です。ちなみにフライパンのフッ素樹脂加工は複合メッキではなく塗装だそうで、表面が全てフッ素樹脂で覆われているので離型性は抜群ですが、フッ素樹脂は軟らかいので強くこすると層が傷つきやすく、ある程度使用すると表面の滑りのよさが劣化するのはそのためです。

「ナノスムースコート」の断面写真（１４３頁）を見ると、左側のグレー部分が基材（炭素鋼）で白く薄い層が下地のメッキ層、その右側の黒い点が見える層がＰＴＦＥ複合メッキ層です（ＰＴＦＥの微粒子は本来は白色ですが、電子顕微鏡で観察すると黒く穴が空いたように見えます）。写真下のスケールが10マイクロメートルなので、下地メッキ、ＰＴＦＥ複合メッキの層を合わせても数マイクロメートルという極薄のコーティングです。

表面写真（１４３頁）でも分かるように、「ナノスムースコート」表面はナノレベルのフッ素樹脂の粒が付着した状態です。この粒子面に凹凸があり、それがフッ素樹脂本来の滑りのよさに加え摩擦係数を軽減させます。その凹凸があることで光が乱反射するため「ナノスムースコート」採用のハリの表面には光沢がなく、くすんだカラーになるのです。

また「ナノスムースコート」は無電解メッキがベースなので、ハリ先のメッキ層が分厚くならず、ハリ先の鋭さが損なわれることがありません。さらにフッ素樹脂の滑りのよさが加わって抜群の貫通性能を発揮します。左頁ハリ先の比較写真は上が「ナノスムースコート」、下の丸いハリ先は通常の電解メッキによるもので、その差は歴然です。

ハリが魚に刺さるとき、最初に表面部分を突き破る必要があるのですが、その後、その力でどこまで深く刺さり込むかで貫通力の差が生まれます。鋭いハリ先で、小さな力で表面を突き破り、その余力とハリ表面の滑りのよさで、より深く刺さり込む。これが「ナノスムースコート」というわけです。

塗装

釣りバリには赤、青、黄、緑など多彩なカラーがありますが、メッキだけで出せる色合いは黒、金、銀、銅くらいです。その他のカラーはメッキと塗装の組み合わせで仕上げることになります。塗装というより着色といったほうが分かりやすいかもしれません。

塗装は電気が流れない材質でハリを覆ってしまうので防錆効果もあり、塗装面に下地に達するほどの傷が付かない限り錆の発生は抑えられます。ただ塗装はメッキに比べて軟らかく、傷ついたり剥がれたりしやすいため下地が露出しやすく、下地が露出した部分は塗装の防錆

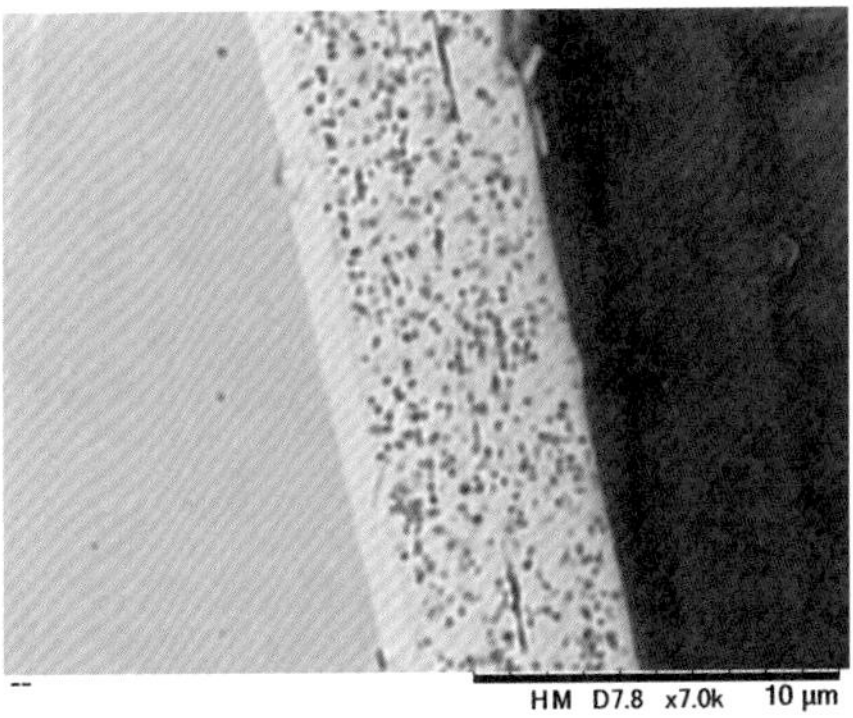

ナノスムースコート断面

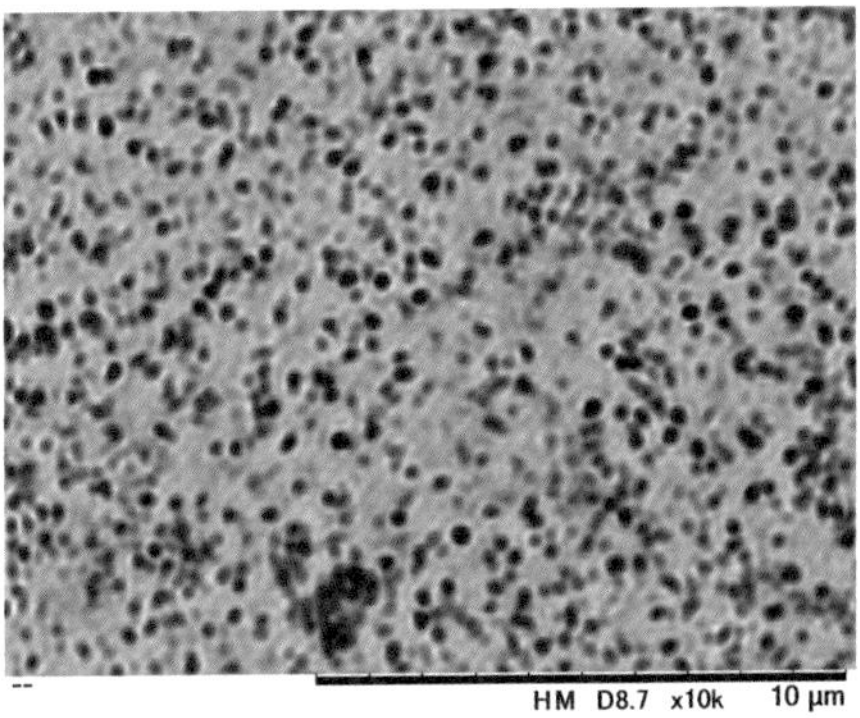

ナノスムースコート表面

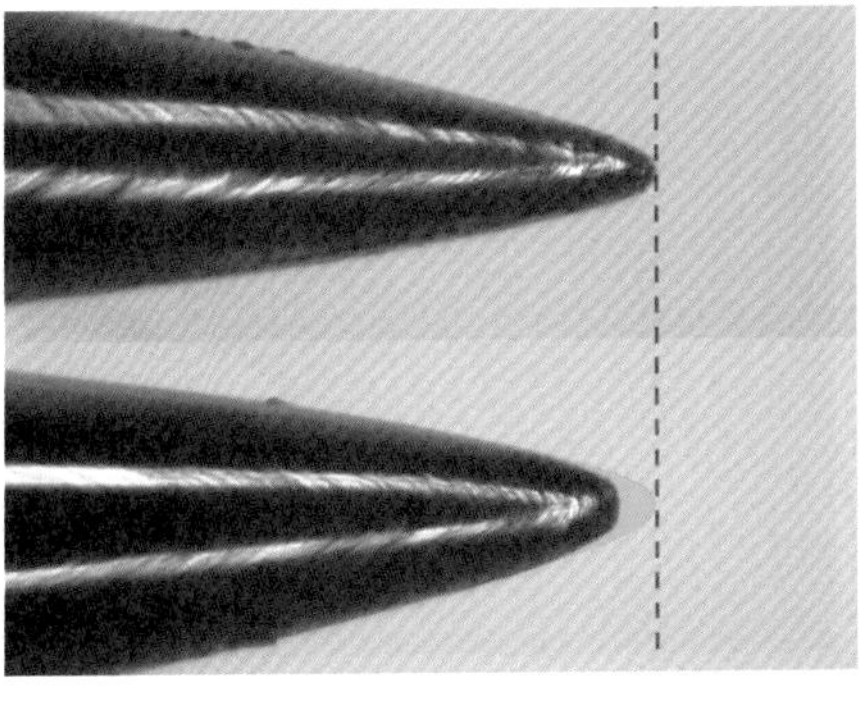
ハリ先比較。上がナノスムースコート。通常のメッキコーティング（下）はハリ先のメッキが分厚くなる（ハリ先が丸くなる）傾向がある

能力が失われてしまいます。

たとえばグレバリで、「金色のハリは錆びやすいが茶色のハリは錆びにくい」という釣り人の感想があるそうです。金バリは下地の光沢メッキの上に金メッキが重ねられています。金は耐食性が非常に高い金属ですが、薄膜メッキは目には見えないほどの小さい穴が無数に空いています。したがって、金バリの耐食性は下地メッキの性能で決まります。また、金メッキほどではないですが下地メッキも薄膜ですので多少の穴が空いています。

対して、茶色のハリはメッキ層の上に塗装することで色を出しています。塗装面は傷がつかない限り錆びないので、無塗装でメッキ処理だけの金バリのほうが錆びやすいのはこのためです。メッキ層を厚くすれば錆びにくくはなりますが、それだけハリ先の鋭さが損なわれるので、装飾性とハリ先の鋭さを両立するメッキ層の厚みになっているのです。

釣りバリにはいろいろなカラーがありますが、塗装だけでは光沢が出ません。そこで塗装する場合でも、その下地としてメッキ（ベースメッキ）が施されます。下地のメッキとの組み合わせで絶妙なカラーリングが可能になります。

たとえば赤いハリの赤をきれいに見せるための下地として、金メッキが用いられます。さらにその下には光沢があるニッケルメッキが施されています。その光沢を保ちつつ金の色味をプラスしたものを、赤い塗料で覆うことで光沢のある美しい赤いハリが完成します。

また同じ赤いハリでも「クリムゾンレッド」と呼ばれる明度を抑えた深みのある赤を表現する場合は、塗装するのは同じ赤の塗料ですが、下地にはシルバーカラーで無光沢の下地（無電解ニッケル）が採用されます。青いハリ、緑色のハリの下地も同じベースメッキです。

青は渓流用のハリによく採用されるカラーですが、これにはちょっと変わった理由があります。江戸時代ごろの話だと思われますが、ハリがメッキ処理されずに売られていた当時、熱処理の関係でハリ全体が青っぽくなっていました。ハリ先部分などは真っ青？　といってもよいくらい青かったようです。その青いハリで魚がよく釣れたため、釣り人側では「青いハリがよい」ということになり、その流行が渓流バリでは現在も踏襲されているということです。もちろん現在の青い渓流バリは、下地メッキの上に青い塗料で塗装されています。

ちなみに、緑色のハリは海底の海藻になじむカモフラージュカラーです。

このようにハリのカラーはエサの色や周囲の環境に合わせて決定されています。時代が変わればエサも変わります。今では磯のグレ釣りでポピュラーな赤い配合エサに合わせたハリカラーも存在します。「G-HARD V2 セレクトグレ」というハリに採用された「カモフラージュレッド」というカラーは、赤系の集魚剤に漬け込んで赤く染めたサシエ（付けエサ）のオキアミに、ぴったりマッチするカラーになっています。

「A1-Mシステム」というグレバリがあります。カラーは「オキアミピンク」です。エサのオキアミ使用時のカモフラージュを目的としていて、従来のオキアミカラーと違うのは、アピール力をプラスした点です。最終的なカラーリングはピンクの塗料ですが、下地には発色を少し抑えた金メッキが施されています。

このハリには「マイクロトップレスコート」という塗装法が採用されています。ハリ先からほんの0・5㎜だけあえて無着色にすることで、ハリ先の鋭さを最大限に発揮できます。

また、「ナノポイント」というハリ先だけに「ナノスムースコート」を採用したハリもあります。この製法はがまかつ特許で2021年4月現在、「真鯛王 ナノポイント」というハリに採用されています。従来のPTFE複合メッキ（がまかつでの名称は「ナノスムースコート」）はハリ全体をメッキで覆ってしまうため、色がダークグレーのみとなってしまい、バリエーションを増やせない状況でした。着色したハリの上から、PTFE含有のクリア塗装を施したものもありますが、PTFE複合メッキと比べると滑り性・耐久性が劣ってしまいます。そこでがまかつでは独自の特許製法で、フトコロから軸にかけてオキアミカラーをまとい、ハリ先はPTFE複合メッキを施して貫通力をアップした「ナノポイント」を開発しました。こうして「トップレスコート」と「ナノスムースコート」の長所をハイブリッドした画期的なハリが誕生したのです。

「ナノポイント」貫通力グラフをご覧ください。「ナノポイント」のハリ先と、異なるハリ先それぞれのカエシまでの部分が刺さり込んだときの比較です。まずハリ先が魚の表面を突

ナノポイント
（ハリ先拡大）

真鯛王 ナノポイント 11号

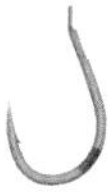

A1-M システム Type
口太速攻 7 号

GハードV 2 セレクトグレ 6 号

カラー名	下地メッキ	塗料
オキアミカラー	発色を抑えた金	ピンク
チヌイエロー	ニッケル	イエロー
ケイムラパール	銀	ケイムラクリア
シルバー	錫	クリア

ナノポイント貫通力グラフ

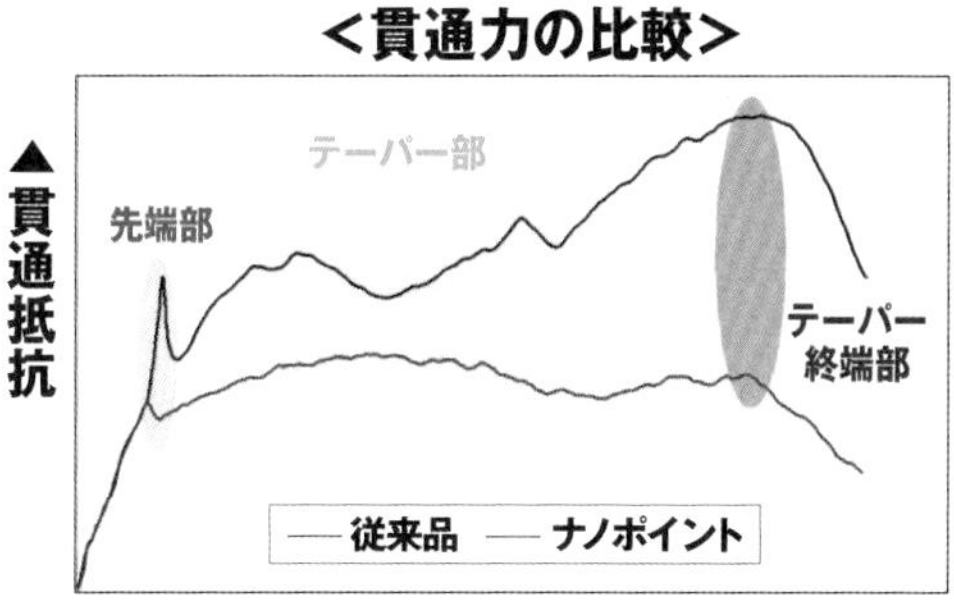

き破るときに抵抗がかかり、そこを抜けるとカエシまでハリの断面が徐々に大きくなるので抵抗も増しますが、いずれの場合もナノポイントのほうが抵抗が小さい＝刺さりやすいことが分かります。これは「ナノスムースコート」のハリにもいえます。

近年、一般的になった「ケイムラ」と呼ばれるカラーがあります。ハリだけでなくプラグやワームなどルアーにも採用されています。ケイムラは紫外線が当たると反応して光るのが特徴のカラーです。深い海など可視光線が届きにくい場所でも紫外線は届くので、ハリもルアーもよく目立ちます。夜間に光を当てることで発光する「グローカラー（蓄光）」とともに、カモフラージュとは反対のアピールカラーです。どちらもケイムラパウダー、グローパウダーを混ぜた塗料で塗装されています。

検査

品質検査としては成型後の形状検査、熱処理後の強度検査、化学研磨後の表面検査と、工程ごとに検査のうえ、完成品での最終検査も実施しています。もちろんハリ先が鈍っていないかも測定しています。製造上の品質検査は、がまかつ独自の検査基準に則り、検査内容に応じた専用測定器を使用しています。

6章 フッキングパワーの伝達とタイミング

アワセは魚の習性・生態・特徴・捕食スタイル、
さらに釣り方によっても大きく左右される。
本章では魚種別にフッキングのメカニズムと、
釣りバリに求められる要素を再度検証する。

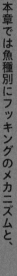

テンカラ釣り

毛バリとノベザオで渓流魚をねらうテンカラ釣りは往時のファンの減少もあり、現在がまかつからは「テンカラ専用」というハリ1種だけがリリースされています。しかし近年はエサを用意しなくてもよい手軽さから、新しいファンが少しずつ増えているようです。

「テンカラ専用」は軸が長い袖型で、ハリ先が軸と平行のストレートになっているのが特徴です。テンカラの毛バリはフライフィッシングのドライフライとは異なり、水生昆虫の幼虫から成虫までを広くカバーしたものです。フライのようにフロータントも使用しません。したがって主に水面に近い水中を流し、ときには誘いも入れて釣ります。

アワセのタイミングは魚が毛バリに出る瞬間が見えたり、ラインに表われる変化など。自然のエサではなく毛バリなので渓魚は瞬時に吐き出すと思われがちですが、実際はイトから毛バリに伝わるテンションのほうが影響は大きく、その違和感で渓魚は毛バリを吐き出しているのです。これを防ぐためにフライフィッシングでは「ドラッグフリー」の概念が生まれ、遅アワセが普通になりました。近年はテンカラ釣りにもその考えは影響しているようです。とはいえ、積極的に合わせて掛ける必要があることに変わりはありません。

外れにくい上アゴにしっかりフッキングしたアマゴ

キジの剣羽根をミノ毛に使ったスタンダードなテンカラ毛バリ

段差と流速のある渓流がテンカラ釣りのメインフィールド

現在がまかつで市販されているテンカラバリはこの「テンカラ専用」(写真は８号)のみ。袖型は魚に触れやすく掛かりやすいハリだ

職漁師が使っていた毛バリには、「T1 マスター渓流」（写真、８号）のような貫通力の高いキツネ型のハリも見られる

毛バリのハリには、ハリ先角度が大きくすっぽ抜けが少ない性能が求められます。また魚に触れやすく、すぐに掛かるという意味では袖型がベストかもしれません。しかし職漁師が使っていた伝統的な毛バリは、「T1マスター渓流」のようなキツネ型のハリ形状のものも見られ、必ずしも袖型がベストとは言い切れないでしょう。

管理釣り場（エリア）のトラウトルアー釣り

管理釣り場のトラウトは、自然の渓流や湖沼の釣り場が禁漁期となる冬季でも手軽に楽しめるルアーフィッシングとして、特に関東エリアで人気のある釣りです。人工的に管理された釣り場で、日々釣り人にプレッシャーをかけ続けられた賢いトラウトをいかに釣りあげるかが腕の見せどころで、釣り人が腕を競い合う大会も多く開催されるほど人気です。

放流されているトラウトの種類はニジマスが多く、ほかにもブラウントラウト、ヤマメ、アマゴ、イワナや、釣り場によっては1m級のイトウが放流されているところもあります。

管理釣り場の魚は人為的なプレッシャーにより、ルアーを丸飲みするようなアタリは少なく、多くがルアーを追尾してじゃれつくような小さなアタリです。トラウト類は口周りが硬く、鋭いハリ先でもハリ掛かりしにくいため、アタリを感じたときは素早くリールを巻いて

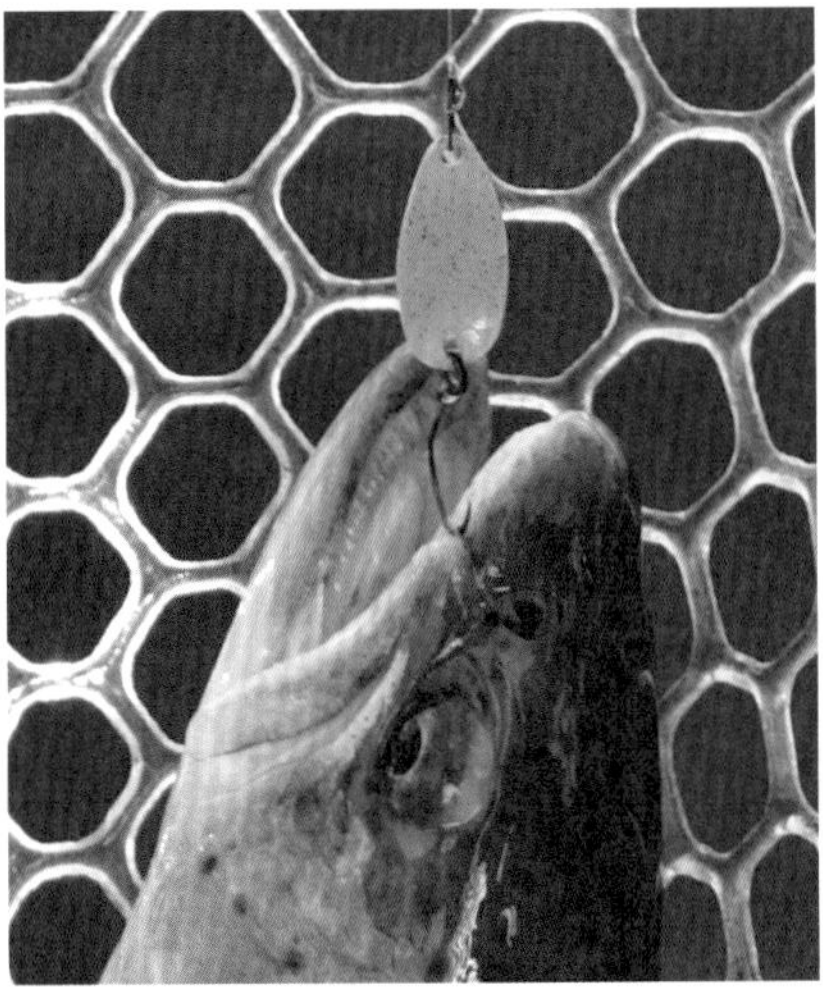

スレた魚が多い管理釣り場ではルアーを丸ごと飲み込むようなアタリは少ない。したがって口に皮一枚でもハリ掛かりする性能が求められる

管理釣り場ならではの軽量小型スプーン。プラグも同様に小さなものがよく使われる

写真のように足場のよいポンド型の施設から、ウエーダーを必要とする渓流の釣り場まで、管理釣り場の形態はさまざま

管理釣り場のメインターゲット、ニジマス。30cm 前後のものが多いがときにはこんなビッグサイズも

ラインにテンションを掛けることでハリ掛かりさせます。

ハリ形状の使い分けとしては、ハリ先がストレート形状で外側に開いたタイプはコンタクト性重視でアタリを多く出したいときに、ハリ先がシワリ形状で内側を向いたタイプは貫通力重視でアタリがあってもハリ掛かりしないときに、などといった感じです。

また、管理釣り場ではスレていない新しい魚を放流するタイミングがあります。放流直後は、しっかりした太さとサイズの大きなハリで警戒心の薄い魚を確実に釣りあげるのも釣果を伸ばすコツです。

アユの友釣り

エサ釣りではなく、ルアー釣りでもないアユの友釣りは日本独特の伝統釣法です。仕掛けはオトリと呼ばれるアユにハナカン、逆バリを介して掛けバリをセットします。掛けバリの位置はオトリの尾ビレ下あたりです。そして9～10ｍもの長ザオでオトリを泳がせます。アユにはナワバリを持つ性質があり、他のアユがナワバリに侵入すると追い出そうと突進します。そのときオトリにセットした掛けバリが野アユに掛かるという仕組みです。

したがってアユの友釣りは完全に向こうアワセの釣りです。釣り人がアタリを判断し、自

ハナカンにセットしたオトリアユ（左）とハリ掛かりした野アユ（右）。友釣りではアユの魚体にハリが掛かる。写真のような「背掛かり」は魚体へのダメージが少ない理想的なハリ掛かりだ

ハリ掛かりするとオトリと野アユ２尾分の力がサオに伝わる。大アユともなればものすごい手ごたえだ

掛けたアユをオトリごと空中に飛ばしてタモで受ける「引き抜き」。こうした独特の技にも対応できるハリが求められる

ら合わせてハリ掛かりさせることはほぼありません。要は野アユまかせなのです。

またそれには野アユだけではなく、オトリの元気さ加減も大きく影響します。というのも野アユに追われてオトリが逃げた瞬間に、オトリの重さと双方の泳ぎで野アユにハリが立つので、オトリが元気なほどハリは野アユに深く刺さり込むからです。ただし、元気すぎるオトリにこれまた元気でサイズのよい野アユが掛かった場合、その衝撃でハリス切れやハリ折れが起こることがあります。逆に、弱いとハリが深く刺さり込みません。

オトリにセットした逆バリが外れないときは刺さり込みが浅く、掛かった野アユが外れることもあります。野アユにハリが深く刺さり込む力が働くのは、逆バリが外れてハナカンハリス、イカリのハリスが一直線になったとき。そのため掛けバリは、ハリ先角度が小さい内向きで、弱い力でもしっかりハリ掛かりするキツネ型が向いているのです。

ヘラブナ釣り

ヘラブナ釣りには整備された釣り場で放流魚を釣る管理釣り場と、天然魚をねらう野釣りがあります。管理釣り場は大正時代にはその形態が確立され、日本で最も古いゲームフィッシングであるといいえます。

ヘラブナは水中に漂う植物プランクトンが主食で、水とエサを一緒に吸い込みエサだけを濾《こ》し取ります。そのため口には歯がなく、他の魚と比較して肉厚で軟らかく、ハリ先が口に接触した際も刺さり込みやすい構造になっています。

釣りエサとしては、麩《ふ》やグルテンのように粉末のものを水を加えてダンゴ状に練ってハリに丸めて付ける「ダンゴエサ」と、わらびウドンや小さく切った麩をハリに刺す「食わせエサ」があります。そして前記したヘラブナの口の特徴から、ハリは貫通性能よりも掛かりのよさを求めたハリ先角度の大きなものが理想的です。

しかし、あまりにもそれを優先するとヘラブナの口奥に掛かりすぎたり、口外のスレ掛かりが多くなります。ヘラブナ釣りの競技会では釣りあげた魚の総重量を競いますが、スレ掛かりは釣果として認められず、またその魚との無駄なやり取りに時間を浪費するため、スレ掛かりの多いハリ（ハリ先角度が大きすぎるハリ）は敬遠されています。一方、ハリ先が大きく外に向いたハリは、ダンゴエサが早くハリから抜け落ちてしまうこともあります。このようにヘラバリはハリ掛かりのよさと、スレ掛かりやエサ持ちのバランスを兼ね備えた形状に設計されています。

ヘラブナ釣りは小さなアタリを感知できる繊細な専用のヘラウキを使用し、ヘラブナがエサを吸い込んだ際に出る「チクッ」というウキの変化で合わせます。

ほかの釣り、たとえば投げ釣りのキスのアタリは、キスがエサをくわえ、ハリ先がキスの口に触れるとキスが違和感を覚えてプルプルと頭を振り、その動きがサオ先に伝わることでアタリとして感じられます。イシダイも同様にエサをくわえて反転したときに口にハリ先が立ち、違和感からイシダイがゴンゴンと頭を振り、それがサオにアタリとして伝わります。

ところがヘラブナ釣りでは、アタリが出た瞬間はハリがエサに包まれているためハリ先はヘラブナの口に接触しておらず、素早く合わせた瞬間に初めてハリ先が魚の口に触れて刺さり込みます。そして前記のとおりヘラブナの口腔内は全体的に軟らかいため、ハリ先が露出したときに近い位置でハリ掛かりします。

ハリのサイズは使用するエサの種類や釣り方により大きく変わります。集魚力を高めるために大きなダンゴエサでしっかりエサが持つようにしたい場合や、軟らかいダンゴエサを使うときは大きめのハリを使用します。逆に魚が寄りすぎたり、小さな食わせエサを使用する際は小さいハリを使用します。

大きさ以外に選ぶ基準としては「ハリの重さ」があります。仕掛けを振り込みウキにミチイトとオモリの重さが乗った後、エサにはハリの重さが加わり沈んでいきます。このときにハリの重さが重要になります。ハリが軽いとエサの沈下速度が遅くなり、ヘラブナに長い時間エサをアピールすることができます。またエサが吸い込まれやすくなり、ハリ掛

和のゲームフィッシュとも呼ばれるヘラブナ。盛り上がった特徴的な背中に対して、口は小さく見える

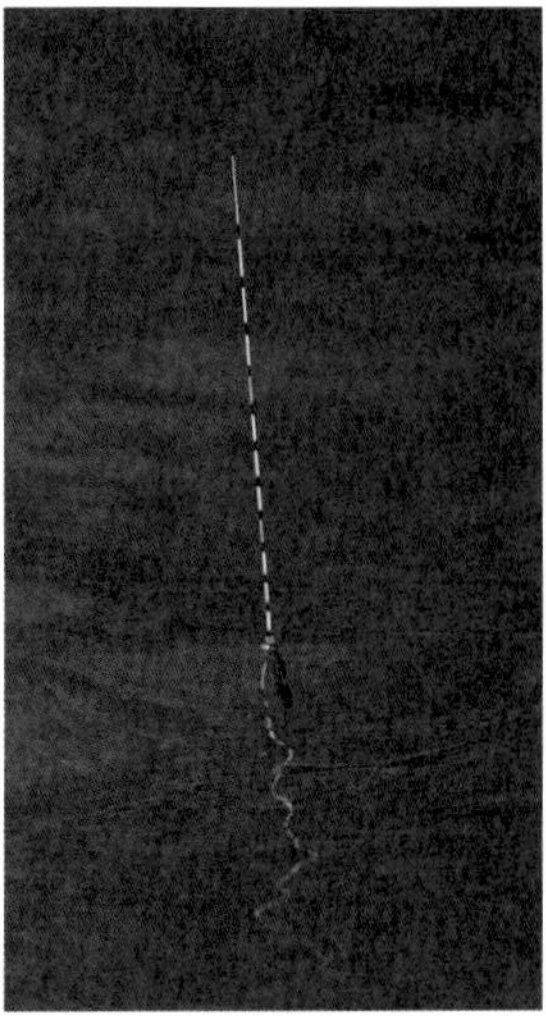

釣り人はこのヘラウキの動きで水中のさまざまな情報を読み取る

植物食のヘラブナに合わせてさまざまな練りエサやウドンなどが使用される

ヘラブナの管理釣り場では競技会も盛んに行なわれている

かり率がアップします。反面、軽すぎるとヘラブナが寄ってきたときに仕掛けが煽られやすく、エサを底で安定させる釣りではハリが軽すぎるとエサが舞い上がってしまいます。
一方、ハリが重いとエサの沈下速度が速くなり、表層にいるジャミと呼ばれるエサ取りにエサを突かれにくく、ハリの重みでハリスをしっかり張れるため、明確なアタリが出やすくなります。底でエサを安定させたいときにも有効です。しかし沈下速度が速い分、ヘラブナに違和感を与えやすくなります。

このようにヘラブナ釣りでのハリの選択は、形状だけではなくサイズ、重量の使い分けも重要です。ハリの使い分けで釣果が左右されるのもファンが熱くなる理由なのでしょう。

バス釣り

淡水ルアーフィッシングの代表ともいえるバス釣りは、大別するとソフトルアー（ワーム）の釣りと、クランクベイトやバイブレーションプラグなどハードルアーの釣りがあります。またバズベイト、スピナーベイトなどバス釣りならではの独特な形状・機能のルアーもよく使用されます。

ワームは、ワームフックと呼ばれるシングルフックにワームをセットします。

ディープクランク（プラグ）で
ヒットした1尾

スイムジグを丸飲みしたバス。名
前のとおりの“ラージマウス”

バス釣りではオカッパ
リのほか、専用のバス
ボートが大活躍する

ワームの釣りでは向こうアワセは少なく、バスがワームをくわえて反転し、走り出した瞬間にラインやサオ先にそれがアタリとして表われ、アワセを入れます。

ワームフックには大きくオフセットフックとマスバリの2種類があります。ハリ先をワーム表面に沿わせるようにセットすることが多いオフセットフックは、フッキング時にハリ先がしっかり露出する必要があります。そのため使用するワームの太さによってフトコロ幅、ルアーフックでいうギャップの大小を使い分ける必要があります。ワームフックにワイドタイプとナロータイプが用意されているのはこのためです。

太いワームにナローギャップのフックをセットした場合、フッキング時に露出するハリ先部分が少なくフッキングしにくくなります。かといって細いワームにあまりにワイドギャップのフックを使うと、バスがワームを吸い込む際に邪魔になってしまいます。基本は使用するワーム径の1・5倍くらいのギャップ（フトコロ幅）がベストとされています。

プラグ類に使用されるトレブルフックは、ワームとフックが一体化してバスが丸ごと口にするワームフックとは違い、バスはあくまでプラグ本体を食いに来た際に、プラグ周辺に配置されているトレブルフックにハリ掛かりします。またアユ友釣りのイカリ同様、貫通する力が複数本のハリ先に分散されることがあるので、その分ワームフックなどのシングルフックにくらべ貫通力が低下する場合があります。

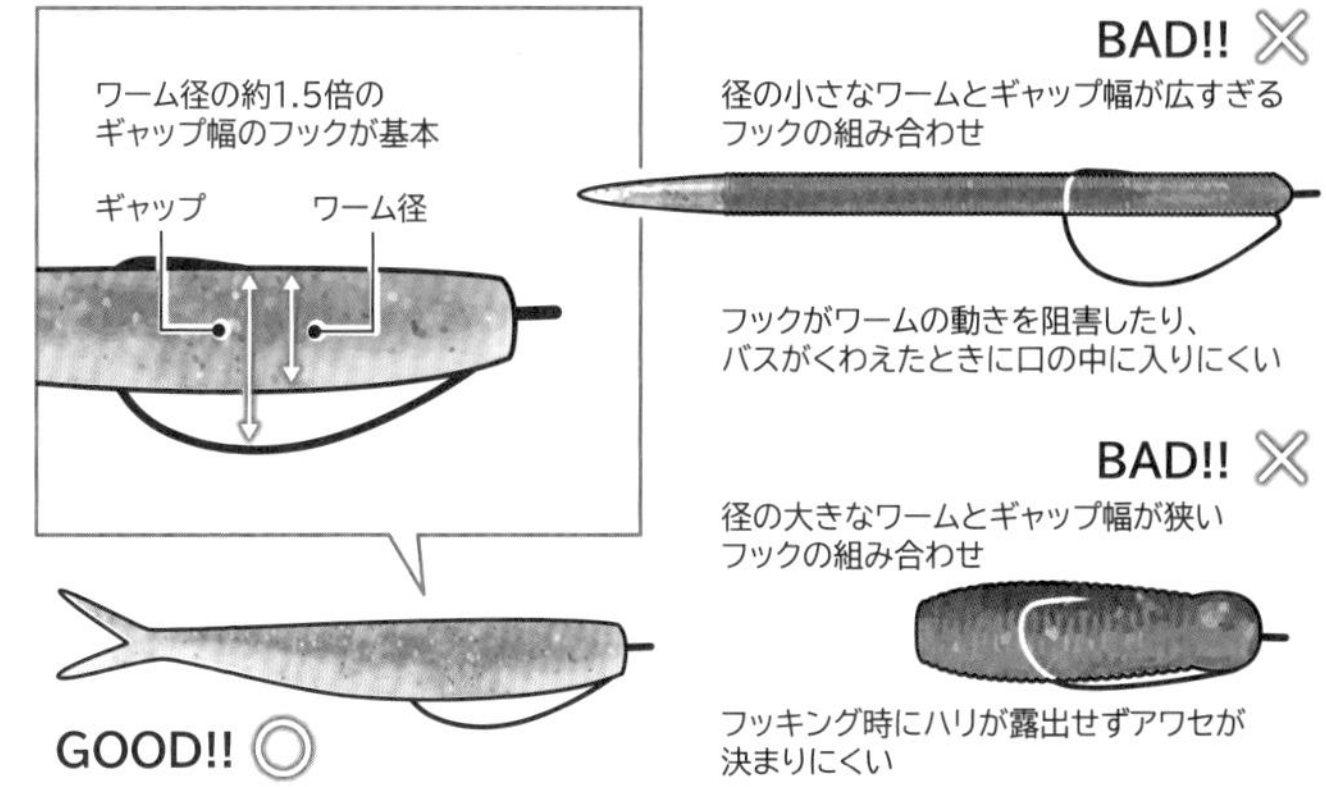
ワーム径の約1.5倍の
ギャップ幅のフックが基本
ギャップ
ワーム径
GOOD!!
BAD!!
径の小さなワームとギャップ幅が広すぎる
フックの組み合わせ
フックがワームの動きを阻害したり、
バスがくわえたときに口の中に入りにくい
BAD!!
径の大きなワームとギャップ幅が狭い
フックの組み合わせ
フッキング時にハリが露出せずアワセが
決まりにくい

ほとんどのトレブルフックのハリ先はシャンクと平行

「トレブル21」のようにハリ先がやや内側を向いたものもある

大きな口をもつバスは吸い込む力が強く、アングラーは素早く合わせたつもりかもしれませんが、アタリを感じたときにはすでにルアーは口の中。魚が頭を振ったり反転して泳ぎだしたときの動きがアタリとして伝わり、合わせていることがほとんどです。

また、内向きに角度が付いていると、それぞれの刺さり込む方向が違うので干渉を起こし（邪魔をし）、結果的に刺さり込みにくくなります。そこで3本のハリ先を軸と平行にすることで、しっかり深くフッキングできるようにしています。ただし「トレブル21」のように、フックの1本だけに掛かった場合の貫通力を高めるために、ハリ先が内向きのトレブルフックも存在します。

バスではありませんが、ソルトのGT（大型ロウニンアジ）用の「トレブル24GTレコーダー」のハリ先も内側を向いています。GTの口は硬いため、軸と平行のハリ先では貫通力が低く、それを克服するために現在のような内向きのハリ先となりました。

グレ（メジナ）釣り

磯釣りの人気ナンバーワンは何といってもグレ（メジナ）でしょう。釣り方はウキフカセ釣り。オキアミなどの寄せエサを利かせてグレを集め浮かせて、軽いフカセ仕掛けのハリ1本に刺したエサを食わせ、ウキやミチイトの変化でアタリを取る釣りです。

日本にはメジナ（口太グレ）とクロメジナ（尾長グレ）、オキナメジナ（牛グレ、スカエースなどという地方名がある）の3種のメジナ科の魚がいますが、メインのターゲットは口太グレと尾長グレです。

両魚とも木っ葉と呼ばれる手の平サイズから、大きなものでは60、70cmオーバーにもなります。船釣りでは尾長グレの日本記録が80cmを超えています。そんな特大サイズは別にし

口太グレ

尾長グレ

グレのサオは5.3ｍが標準的な長さ。操作性に優れ、グレの強烈な引きをサオ全体で受け止めるしなやかさとパワーを備える

て、磯釣りファンのステイタスは口太グレが50㎝オーバー、尾長グレは60㎝オーバーです。口太グレで40㎝、尾長グレで50㎝を超えれば良型と呼ばれます。

同じグレでも両者のアワセのタイミングはまるで違います。しっかり飲み込ませて掛けることが多い、遅アワセでも大丈夫な口太グレに対して、ハリを飲み込まれるとハリス切れを起こしやすい尾長グレは徹底した早アワセが求められます。尾長グレ釣りの名手のなかには、わずかなウキの傾きだけでアタリを見極め合わせて掛ける技術の持ち主もいます。

口太グレも尾長グレも、活性が高くスレていなければ一気に浮上してエサを丸飲みし反転するので、手元まで伝わる激しいアタリが出ます。ところが潮が止まっていたり低活性時には、その場でエサを吸っては吐き出すヘラブナのような食い方をします。ウキに出る変化はわずかで、それを見極められるかが腕の見せ所です。またフカセ釣りという軽い仕掛けを使用するため、イトフケが多く出るとアタリがウキに表われにくくなります。

そこで重要なのが「張り」という概念です。簡単にいうと仕掛け全体、特にミチイトに掛けるテンションのことで、掛けすぎると仕掛けが浮き上がったりポイントを外れたりします。張らず緩めずという微妙な力加減が「張り」の極意です。この張りを掛けることで食わせエサを先行させ、ハリス→ミチイト→ウキが一直線に近くなり、水中の仕掛けの微妙な変化がアタリとしてウキやミチイトに伝わりやすくなるのです。

近年は沈め探り釣りなどと呼ばれる、ウキを沈めて流し込んでいく釣りもあります。この場合、アタリはウキではなくミチイトやサオ先に出る変化で察知します。ガツンと一気にサオを絞り込む激しいアタリは即アワセ。ときにはサオ先にモゾモゾ、ゴツゴツといった地味なアタリが出る場合もあります。グレがエサをくわえているだけかもしれません。このようなときに即アワセするとまずハリ掛かりしません。そんなアタリを感じたら、一旦サオ先を下げたりミチイトを送り込んでみます。すると仕掛けの違和感が消えるのか、グレはハリが付いているエサを飲み込んで反転し走り出します。こうなるとサオがグイーッと引き込まれ手元まで重みが乗ってきます。ここがアワセのタイミングです。

尾長グレねらいの場合は別ですが、口太グレなら本流を流し込んでいく釣りも同じテクニックが有効です。

チヌ（クロダイ）釣り

ひと口にチヌ釣りといっても磯や防波堤のウキフカセ、イカダやカセからのカカリ釣り、防波堤の落とし込み釣りと多岐に渡ります。なかでも、もっともアワセのタイミングが早いのはカカリ釣りでしょう。敏感な極細の穂先のわずかな変化をとらえ、腕を突き上げるように強く素早く大アワセします。口にガッチリ掛けるイメージです。これはアケミ貝やボケなど、大きなエサを使うことが多いからかもしれません。

そんなエサに合わせるハリのサイズは、生きエビやオキアミを除いて4号、5号と総じて大きいのです。チヌに飲み込ませることは期待せず、エサを口にした瞬間のわずかなサオ先やラインの変化で合わせるイメージです。

ウキフカセ釣りはウキが沈んで見えなくなってからでもよいほどの遅アワセです。チヌの歯でハリスを切られることはまずないので、ハリを飲み込ませて口の奥で掛けるほうが確実に掛かり、すっぽ抜けも少ないのです。エサは軟らかいオキアミがメインです。

中間的なのが落とし込み釣りです。波止際の壁面ぎりぎりにイガイやカニの硬いエサをゆっくり落としていき、仕掛けの目印がツッと走ったり、落ちていく目印が突然止まったり、あるいは逆戻りしたりする繊細なアタリが出た瞬間に素早く合わせます。サオまで引き込むような派手なアタリはまずありません。

また特殊な例ですが、40年近く前に大阪湾の防波堤で落とし込み釣りが流行り始めたころ、#20サイズなどの極小フライフックでチヌを釣る人たちがいました。エサはクモガニが主体だったと思いますが、こんな小さなハリが見事にチヌの唇に掛かるのです。ハリが小さいだけにエサを違和感なく丸飲みし、また極小のハリでフトコロ幅もごく狭いため口奥では掛か

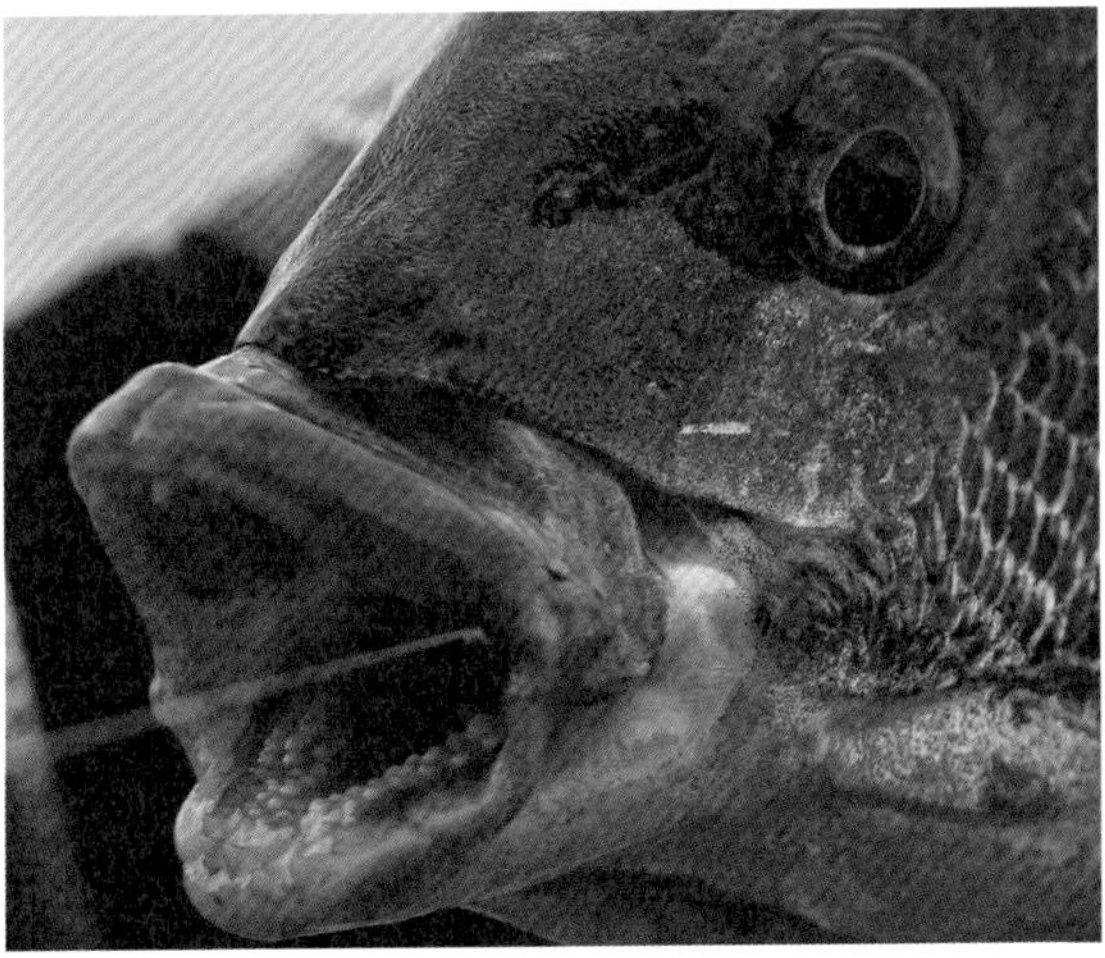

チヌの口は、出口付近に硬い歯がびっしりと並んでいる

チヌ（クロダイ）は磯をはじめイカダや堤防、渚釣り、河口付近のチニング（ルアー釣り）など多彩なスタイルでねらえるのも特徴だ

磯釣りではチヌはグレと並ぶ2大人気ターゲット

カカリ釣りでは穂先のわずかな変化で素早く大アワセし、しっかりとハリ掛かりさせる

らず、口中を滑って出てきて唇部分に掛かる率が高かったのでしょう。サオは極軟ハエザオにガイド、リールシートを取り付けた改造品でした。一般的な硬調の落とし込みザオではアワセが強すぎて、極小フライフックではフッキングしなかったのではないでしょうか。

イシダイ釣り

磯釣りの3大ターゲットといえばグレ、チヌ、イシダイです。そのなかでもイシダイはサザエなどの貝やウニ、カニ類など硬いエサをバリバリと砕いて食べるため、オウムのクチバシのような強靭な歯をしています。「接合歯」と呼ばれ、上下の顎の骨の上に歯が重なるように集まったものです。イシダイ釣りは石もの釣りとも呼ばれ、イシダイのほかイシガキダイもターゲットです。側扁と呼ばれる平べったい魚体で、大きさは80㎝で10㎏超のものも記録されています。クチジロと呼ばれるイシガキダイの老成魚はさらに大きくなります。ただ、魚体にくらべ口は小さく、エサを一飲みにするような食い方ではなく、底や壁際にあるものを突き砕くように摂餌します。

釣り場は房総半島以南の太平洋側や黒潮の影響を受ける日本海側の磯がメインです。釣り方は、大きなオモリを底に沈めて置きザオでねらいます。ウニ殻や貝などの寄せエサを撒き、

磯の底もの釣り憧れのターゲット、イシダイ

エサのガンガゼ（ウニ）はこのようにハリにセットする

置きザオでアタリを待つ。早アワセは禁物だ

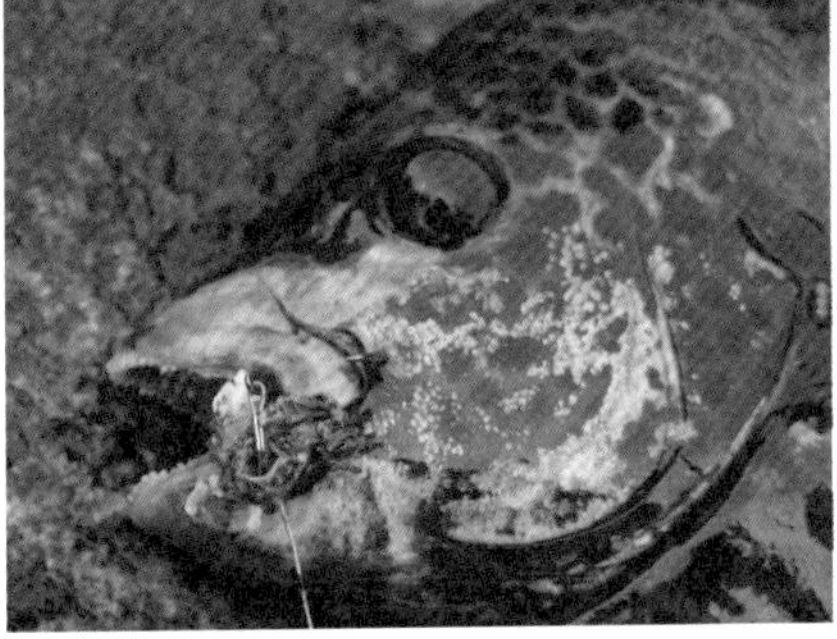

イシガキダイもイシダイ同様、強靭な歯でサザエなどの硬いエサを噛み砕いて食べる。写真は理想的なハリ掛かりの状態で、カンヌキ部分にしっかりとハリが刺さっている

足元の壁際から数メートルの距離を手持ちザオで釣るスタイルもあります。なかには60m以上遠投して釣る人もいます。磯の根にミチイトやハリスがこすれるためハリスはワイヤがメイン。エサはバリエーションに富み、カラス貝、赤貝、サルボウ貝、サザエ、トコブシなどの貝類、ヤドカリ、カニなどの甲殻類、ガンガゼ、バフンウニなどのウニ類が用いられます。ガンガゼは釣りに用いられるエサのなかでも、もっとも硬い部類のエサといえるでしょう。

シーズンはおおむね春から秋で、水温が高くエサ取りが多い時期がメインです。そのためウニなどの硬いエサを殻ごと使うのですが、ハリへのセット方法も特殊です。ガンガゼの場合、「ウニ通し」と呼ばれる器具でウニの中にワイヤハリスを通します。ウニを何個も数珠のようにつなげるセット方法もあります。

磯の底にエサを置く関係上、イシダイバリのハリ先は尖頭倍率が小さくハリのなかでは鈍角です。これは海底の岩などにハリ先が触れても、ハリ先が欠けたり曲がったりしにくくするためです。しかしその分、貫通力は低いので、しっかりハリ掛かりさせるにはかなりの力が必要になります。

イシダイがエサを突いている間、小刻みにサオ先が揺れるアタリが出ますが、この時点で合わせてもハリは口の奥に入っておらず、また硬い歯にハリ先が刺さらず空振り。結果、魚を驚かせて散らしてしまいます。早アワセは禁物です。イシダイは3段引きと称されるように、エサを深くくわえ込んで強烈に走り出したところでサオが力強くグングンと引き込まれるので、このときに思い切り合わせます。そうすることでハリが硬い口の奥から軟らかいカンヌキ部分に移動し、イシダイが走る方向の逆にカウンターでアワセの力が伝わり、尖頭倍率3・3倍の鈍角のハリ先でもイシダイのカンヌキを貫くことができます。強烈な走りの際に向こうアワセでハリ掛かりするケースもありますが、海底からイシダイを素早く引き離し根に張り付かれるのを防ぐ意味でも、できる限り強いアワセを入れるようにします。

キス釣り

投げ釣りでねらうキスは、積極的に合わせる釣りではありません。10cm程度の小型から20cmオーバーの良型までさまざまな大きさのキスが釣れるこの釣りでは、数本からときに10数本ものハリが付いた仕掛けを用います。仕掛けを投入して着底したら人が歩くほどの速度で引きずり続けて誘い（サビく）、食えば自動的にハリ掛かりします。これを「引き釣り」といいます。

日中のキスは砂底などのほんの少し上を群れで回遊しています。大きな群れに当たれば、イシゴカイなどのエサが付いたハリにどんどん食い付き、活性が高ければすべてのハリにキスが掛かって鈴なりパーフェクトの数釣りも可能です。したがってアタリが出ても合わせず、そのまま仕掛けを引くことがアワセも兼ねています。また1尾、2尾とハリに掛かることで魚が暴れ、それが誘いにもなり、さらに多くのキスがハリに飛び付くというわけです。

キスの口は小さいので、使用するハリはキスが吸い込みやすいようにフトコロが狭く軸も長めです。また口が硬くないので、ハリには貫通力よりも掛かりのよさが求められます。

活性が高ければキスはエサが付いたハリを勢いよく吸い込み丸飲みするので、ハリは口奥に掛かることが多いようです。低活性で食い込みが悪いときは口元に掛かることが多く、浜から引き上げたときにポロッと外れることもよくあります。

投げ釣りでは夜釣りもあります。ねらいは良型中心に尺ギスと呼ばれる30㎝オーバーの大型まで。この場合は数本のサオを置きザオで並べてアタリを待ちます。清楚で華奢《きゃしゃ》なイメージのキスですがアタリは明確。良型になると三脚に立てかけた投げザオの尻を浮かせることもあるほど派手に当たります。このときすでにエサを丸飲みしてハリ掛かりしています。日中も夜間も完全に向こうアワセの釣りなのです。

船釣りでもキスは人気のターゲットです。ハリ数は2～3本と少なくなりますが、基本的には投げ釣りとあまり変わりません。ただし船上なのでアンダースローで短い距離を探り、真下もねらうため、仕掛けはテンビン、ドウヅキの2タイプがあります。

キスは小さく細長い口で吸い込むようにエサを捕食する。したがってエサはフトコロの狭いハリに短めに付けるのが基本

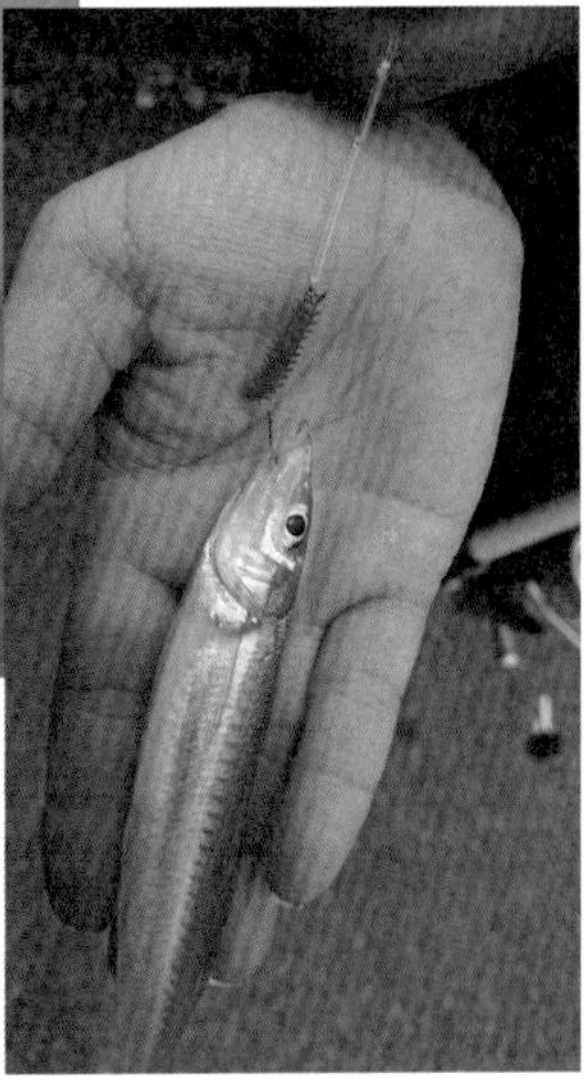

活性の高い群れに当たれば鈴なりで釣れることも珍しくない

砂浜から仕掛けを投げ、着底したらゆっくりとリールを巻いてキスを誘う

同じカワハギでもドウヅキ仕掛けでねらう船釣りと投げ釣りでは、まるでハリ掛かりのプロセスが違います。海底付近をホバリングしながらエサを突くように居食いするカワハギをねらう船釣りに対して、海底にエサを置く投げ釣りではカワハギも違和感がないのか、丸飲みして仕掛けを引きずり、硬い投げザオの穂先に明確なアタリが出ます。そのため投げ釣りでは、口の中に吸い込まれやすいようにフトコロが狭く、虫エサを使う関係で軸が長いキツネ型のハリが向いています。

船釣りでは大きくサオを立てながら、サオに乗せるように巻きアワセをします。感度と操作性を重視した極先調子のカワハギザオは、カワハギの鋭い引きに対してハリに負担がかかりやすい傾向にあります。競技志向の細軸のハリや、「ハゲバリ系」の大きく開いたハリはフトコロに負荷が掛かり、折れや伸びが起きることがあります。この点からも急激に負荷を掛けない巻きアワセはタックルバランス上、最適といえます。

また、反転せず居食いするカワハギに対して強く合わせると、口からハリを引き出してしまうこともあります。

〝エサ取り名人〟の異名を取るカワハギ

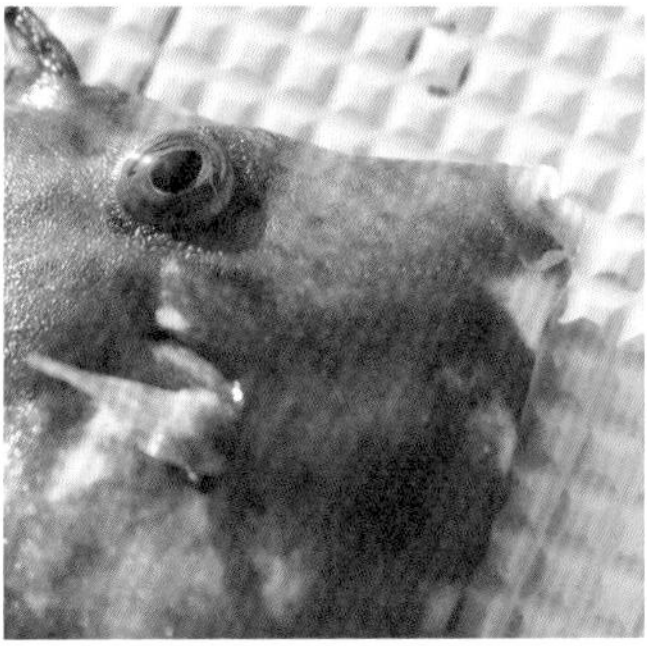

この小さなおちょぼ口にハリ掛かりさせなければいけない

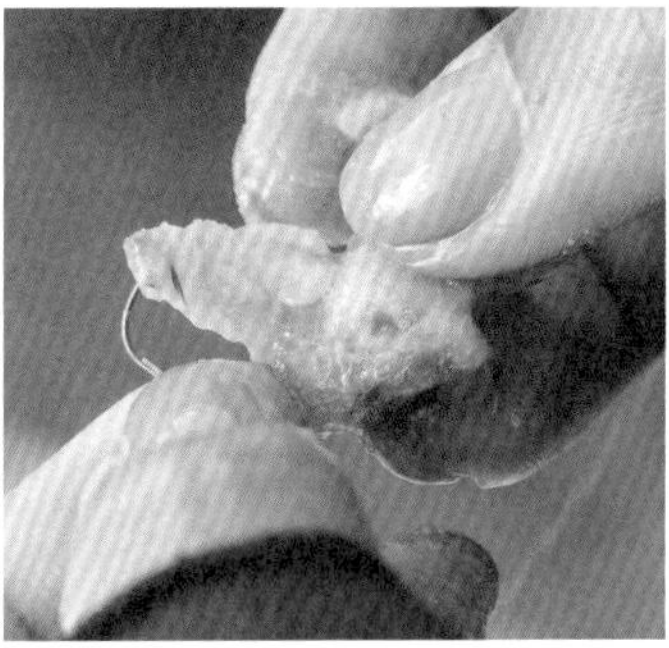

船釣りのエサといえばアサリむき身が定番。そしてコンパクトにエサ付けするのがコツだ

東京湾では船釣りが大人気。このほか岸から投げ釣りでもねらえる

ヒラメ釣り

アジやイワシなどの生きエサを使用して船からヒラメをねらう泳がせ釣り（ノマセ釣り）では、「ヒラメ40」と言われるように遅アワセがセオリーとされてきました。生きた小魚をしっかりとヒラメに飲み込ませるには、アタリが出てからも「40数えるくらいは待たないといけない」という教えです。

もちろん状況によっては即アワセでもハリ掛かりすることはありますが、多くはヒラメがエサにかみついてから飲み込むまで時間がかかるため、確率的にそれくらい待たないと、ハリまで到達しない（口の中に入らない）ということです。エサの小魚がヒラメの口の中に入っていないと、ハリ掛かりのしようがありません。歯形の残ったエサが戻ってきたり、半分だけかじって逃げられることもあります。

そのため、仕掛けは親バリ、孫バリという2本のハリを、1本のハリスの先に間隔をあけて取り付けたものを使う場合が多く、上部の親バリをエサの小魚の鼻の穴に通し、下部の孫バリは小魚の尻ビレの前あたり、もしくは背ビレの後方にセットします。

親バリはシングルフック、孫バリは親バリより大きめのシングルフックもしくはトレブル

典型的なフィッシュイーターでありながら一気にエサを飲み込まないことから、アワセが難しいとされるヒラメ釣り

生きエサには親バリ、孫バリ（シングルまたはトレブル）をセットする

イワシは弱りやすい魚なので投入時も気をつかう

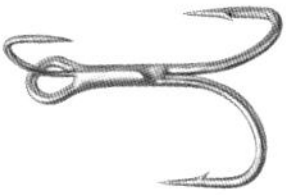

がまかつ「泳がせヒラメ」（写真は８号）は従来のトレブルとは違い、１本を逆向きにすることでエサの小魚から抜け落ちにくいのが特徴

フックのどちらかを採用しているものがほとんどです。シングルフックかトレブルフックかの使い分けは、エサへの負担を考えて生きのよさを長持ちさせる場合は軽いシングルフック、それよりもヒラメの掛かりよさを優先する場合はトレブルフックです。また、カタクチイワシなど非常に弱りやすいエサを使用する場合は、1本バリ（孫バリなし）を鼻に掛けるだけでねらいます。

アワセのタイミングを結論からいうと、ヒラメのサイズ、活性、使用するエサの小魚の大きさによって変化するということです。そこそこ大きなアジをエサにしていても、たとえば80㎝クラスの大ヒラメにもなると（もちろん活性が高い場合ですが）一気に丸飲みし、ロッドが瞬間的に絞り込まれます。また小型のヒラメでも小さいエサや軟らかいイワシを使用しているときは同じ状況になることがあります。

かつて鳴門海峡筋で10㎝ほどの生きたイカナゴをエサにヒラメをねらったことがありました。このときは前アタリもなしに一気にサオを絞り込んでヒラメが掛かりました。エサが細く軟らかいため丸飲みしてきたのです。

このような特殊な場合を除き、一般的にアワセのタイミングは、穂先をブルブル震わせたりゴンゴン叩いている状況ではまだまだ早く、ロッドにしっかり重みが乗ったときにアワセということになるのでしょう。

タチウオ釣り

タチウオは、その名のとおり太刀を連想させるシルバーメタリックの細長い体型が特徴で、大きな口に鋭い牙を持つフィッシュイーターです。主な釣りシーズンは夏から晩秋ですが、近年、東京湾の船釣りでは一年中釣れている印象があります。

タチウオのサイズは魚体幅で表現され、釣り人の手を沿わせ「指3本」とか「指4本」というのが一般的になりました。全長でいうと個体差はありますが「指3本」で70㎝ほど、「指4本」では1m近くなります。また「指5本」「指6本」など、それ以上で全長1mをオーバーする大型をドラゴン、ドラゴン級などと呼びます。

タチウオの船釣りは関西流のテンヤ釣り、関東流のテンビン釣り、ジギングに大別できます。このなかでタチウオにエサを食わせて口に掛けるのはテンビン釣りです。テンヤもジギングも、食いに来たタチウオを大きなハリもしくはトレブルフックなどで、口の周りのどこでもいいから引っ掛け絡め取る釣りです。

テンビン釣りは2mほどの長いハリスにハリ1本、そのハリに縫い刺ししたサバの切り身などをエサにして食わせる釣りですが、タチウオの泳層を随時シャクリ上げて釣るスタイルなので、そのシャクリがアワセになっています。大阪湾などで盛んなテンヤ釣りは10数センチほどの冷凍イワシを、フックの上に専用の細い針金を巻き付けて固定します。基本的には底まで、もしくは船長が指示するタナまで沈めて釣り開始。もっとも簡単なのはスローに巻き上げてくるだけの方法です。巻き上げ幅は、およそ水深の半分ほどが基本ですが、船長指示でもっと短いレンジを集中してねらう場合もあります。近年はこのシンプルな方法だと釣果が伸びないことも多く、少しリールを巻いてはポーズを入れるストップ&ゴーや、小刻みなジャークを織りまぜて誘いを入れることが多くなりました。

タチウオの活性が高い場合は巻き上げ中やジャーク中にガツンとサオが絞り込まれるので、すかさずサオをあおって合わせます。ほとんどの場合はサオ先をガツガツ、ゴツゴツと震わせるアタリが出ることが多く、このときはまだテンヤのエサを突きにきているだけなので合わせても掛かりません。巻き上げ中ならそのまま巻き上げを継続するのが基本です。ストップ&ゴーの場合は誘いを繰り返すことでエサにかぶりつかせ、サオにしっかり重みが乗るのを待ちます。アワセを入れるのはこのタイミングです。メタルジグを使ったジギングも、ほぼ同じ方法でアタリからアワセに持ち込むことができます。

次はオカッパリです。護岸や防波堤からの釣りでは、近年流行のワインドなどワームを使用したルアー釣りやテンヤの引き釣り、電気ウキ釣りなどが主なところです。

テンヤにセットしたエサを食いに来たタチウオ

ジギングの人気ターゲットでもある

陸っぱりではワインドと呼ばれるソフトルアーの釣りが大流行

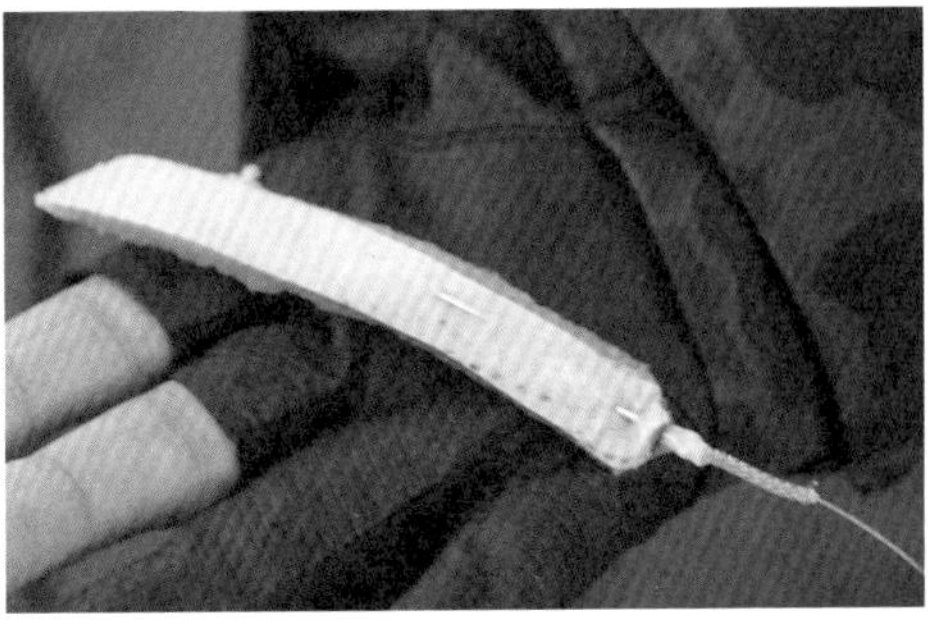

近年はルアーが人気のタチウオだが、テンビン釣りではサバの切り身エサを使う

ワームの釣りではシャクリやリトリーブ中、冷凍キビナゴやドジョウをエサにする引き釣りではテンヤを引いている時に、タチウオがルアーやテンヤのエサにかぶりつきガツンと当たり、その動作がアワセにもなっています。引き釣りのテンヤは船用のミニチュア版といった感じで、エサのセット方法も同様に、特殊なテンヤを除いて細い針金で巻き付けるのがポピュラーです。

オカッパリでアワセのタイミングに最も手を焼くのは電気ウキ釣りでしょう。タチウオがキビナゴなどのエサを口にして、電気ウキが見えなくなるまで沈み込んでから合わせても空振り！　まるで掛からないことがよくあります。

仕掛けはエサの姿勢別に、水平式、垂直式、貫通式と多彩でハリ数も1本から2本、3本、4本とさまざまですが、いずれにしてもタチウオはエサをくわえてまずバックするようで、このときにハリが口の中に入っていないと掛かりません。

アワセのタイミングはバックしていたタチウオが反転し泳ぐ向きを変えたとき。見極めとしては、ゆっくり沈んでいくウキの動きが力強くスピードを上げた瞬間といえるかもしれません。アワセが決まり釣りあげたタチウオは口にハリが掛かっていることもありますが、完全にハリを飲み込んでいることが多いようです。すなわちウキ釣りではエサとハリを丸飲みさせるまで合わせてはいけない、待つのが空振りしないコツということになるでしょう。

アジング

ルアーのアジ釣り＝アジングは近年人気が急上昇した釣りのひとつです。その理由は、身近な堤防や漁港で手軽に楽しめることと、繊細なアタリを積極的に合わせていくゲーム性の高さです。アジは食べて美味しいというのも人気の要因でしょう。

アジはサビキ釣りのエサであるアミと呼ばれる動物プランクトンを好んで食べますが、アミ以外にも稚魚やゴカイ、エビ類も好んで食べる雑食性です。捕食の際は大きく口を開け、海水と一緒にエサを飲み込む吸い込み型の捕食を行ない、その際に口に入ったエサが逃げないように滑り止めの役割を果たす小さなザラザラした歯が並んでいます。

アジの開いた口を見ると、両頬と先端部分の肉が極端に薄く、極薄の膜のようにも見えます。この薄い膜の部分にハリ掛かりしてしまうと、やり取りの際に口が切れバレてしまうので、アジングではいかに硬い上顎部分にしっかりハリ掛かりさせることができるかが釣果を大きく左右します。ハリ形状としては、ハリ先が内側を向いた貫通力の高いハリよりは、可能な限りアジの口奥でハリ掛かりするようにハリ先が外側に開いた掛かりのよい形状が主流となっています。またワームのナチュラルな動きを演出するために、軸が長いハリよりも短いハリが好まれる傾向にあります。

アジングのアクションには、タダ巻き、フォール、ダートなどがありますが、これらのアクションを使い分けることで釣果を伸ばすこともアジングの楽しみといえます。3章102頁でジグヘッドのヘッド形状については、さまざまなタイプがあることを説明しましたが、求めるアクションによりヘッド形状を使い分けます。タダ巻きの場合は安定したアクションを出せるラウンド形状が、浅場でのタダ巻きではリトリーブすると浮き上がる力が働くコブラ形状が向いています。アジの活性が高く素早いアクションに好反応な場合は、ダート形状のヘッドによりキビキビしたアクションを出すようにします。

ジグヘッドの重さについては、流れのない浅いポイントでナチュラルに漂うようなアクションが効く場合は軽いジグヘッドを使用し、水深があり流れもあるようなポイントでメリハリのあるアクションが効く場合には重いジグヘッドを使用します。

アジの捕食パターンはさまざまで、低活性でワームのテール部分をくわえてその場でモグモグすることもあれば、高活性でワームのヘッド側から勢いよくワーム全体を吸い込む場合もあります。アジングのタックルは高感度なロッドに伸びの少ない極細PEラインやエステルラインが使用され、アタリを感じやすいように組まれています。それでもモゾモゾしたり違和感を覚えるだけの繊細なアタリが多く、このアタリを感じてしっかりハリ掛かりさせる

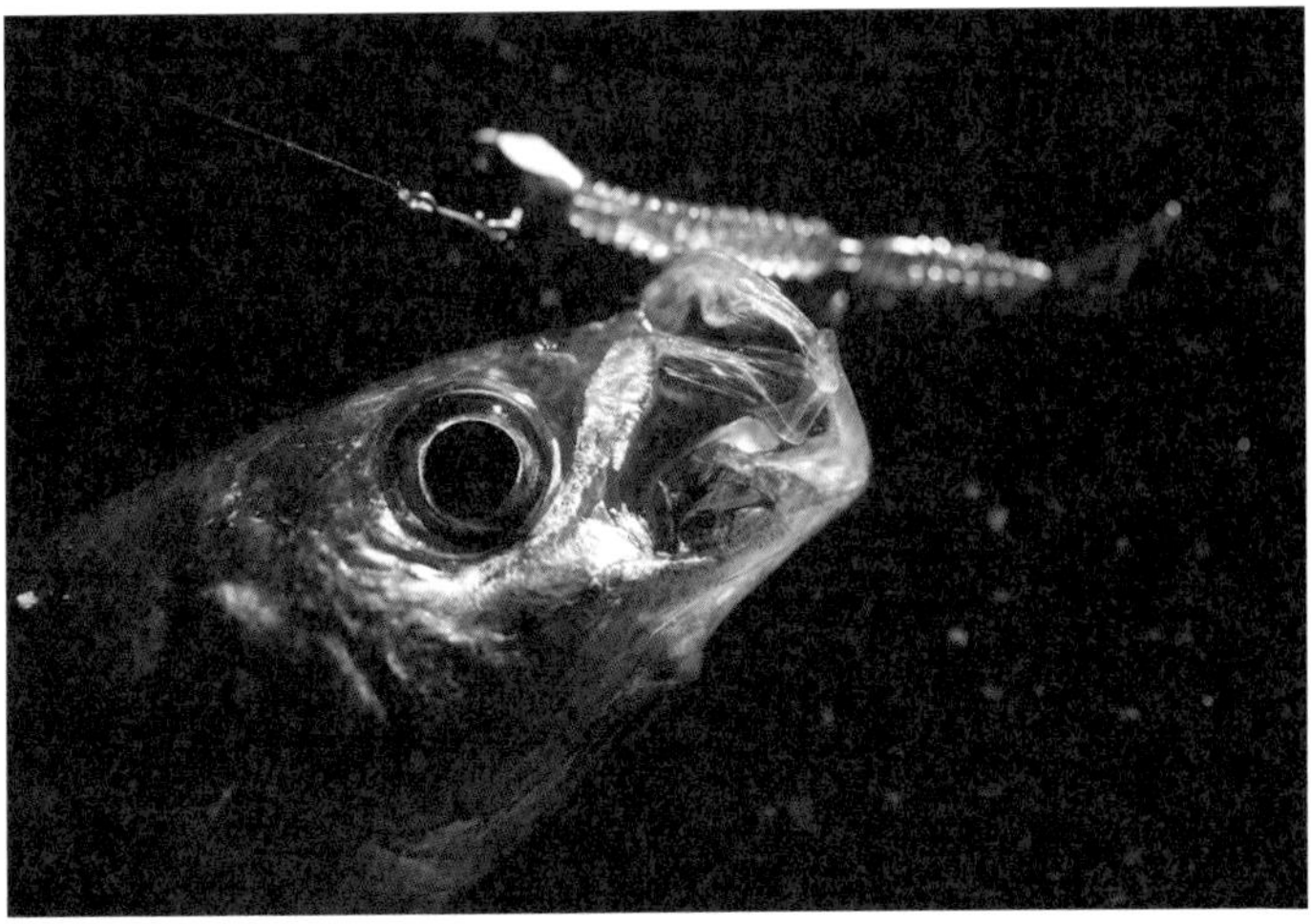

アジの口周りは透けて見えるほど肉が薄い。このためアジングでは硬い上顎にフッキングさせられるかどうかが釣果を大きく左右する

アジングは手軽さとゲーム性の高さから近年大流行中。そして夜の堤防などがメインフィールド

アジはアジング（ルアー）以外にも、サビキでねらう小アジから寄せエサを使用する船のライトアジ、ビシアジまで多彩なスタイルで楽しめる

ことができるかどうかで釣果が大きく変わります。

アタリがあった際は、しっかりとハリ掛かりするように素早くシャープに合わせてアジの上アゴにハリ掛かりさせるようにします。言葉ではそうですが、実際はなかなか思いどおりにはいかず、そのゲーム性の高さゆえにアジングにのめり込む人が少なくありません。

エギング

和製ルアーである餌木を使ったアオリイカ釣り、現在はエギングと呼びますが、古くは鹿児島の漁師さんが焼けこげて木目がくっきり浮き出た木ぎれにイカが抱き付くのを見て思いついたといわれます。それが発展・進化し、エビや小魚をかたどった胴体後方に傘バリ、カンナと呼ばれる独特のハリが付いた形状になりました。

カンナは取り替えがきかないので多くは錆びにくいステンレス製で、10本前後から10数本のハリが前向き斜めに出ています。なかには2段になったカンナの餌木もあります。ハリ数が多いのは餌木に抱き付いたイカの腕に掛けるため、ハリ数が多くないと掛かりにくいからです。ハリ1本で運よく掛かっても、イカの重みが1本のハリに集中し、身切れを起こしバラしてしまいます。アオリイカは生まれて間もない100g、200gの小型から3kg、

そのルーツは江戸時代にまで遡るとされる和製ルアーの釣り、エギング

防波堤や磯周りが主なフィールド

餌木にはカンナと呼ばれるカエシのない短いハリが傘状に斜め前向きに出ており、餌木に抱きついたイカの腕にハリ掛かりする仕組みになっている

4kgという大型のものまでさまざまで、大きく重くなるほど身切れのリスクは上がります。

生きアジ、冷凍アジなどをエサにするウキ釣りやヤエン釣りの場合、アオリイカはアジの頭のすぐ後ろをかじりにくることがほとんどですが、エギングでは餌木の後方から抱き付いてくることが多いようです。サイトフィッシングは別にして、沈下中の餌木にイカが抱き付いた場合はラインの動きがストップしたり、急に引っ張られたりすることでアタリを判断しアワセを入れることができます。

もっともイージーなのはイカが餌木に抱き付いたのが分からずに、次のシャクリが結果的にアワセになる場合でしょう。エギングは餌木を沈めてはシャクって浮かせ……を繰り返す釣りです。シャクリは餌木を移動させるだけではなく、誘いにもなります。すなわち誘い＝アワセです。シャクって誘った直後の餌木が沈む途中に乗ってくることが実に多いのです。

ただ、アオリイカの抱き付く力は相当なもので、アワセが決まったと思っても実際はカンナが刺さっていないことも多々あるようです。このような場合、餌木を抱いたアオリイカを浮かせて確認できた瞬間、イカも危険？　を察知してか餌木を放し逃げられてしまいます。特に腕力に勝る大型になるほどこの傾向が見られます。

現在、餌木の主流は布巻きですが、布を巻くのはイカの腕の吸盤を滑らせる効果、抱き付いたイカの腕を滑らせ餌木最後尾のカンナに掛けるための工夫であるともいわれています。

タイラバ

3章でも紹介したとおり、タイラバは漁具から発展したマダイを専門にねらう擬似餌釣りです。元々はエビエサを付けた手釣りでエサを切らしてしまったとき、代わりに海藻を付けたらよく釣れたのがきっかけといわれています。発祥の地は豊後水道や鳴門海峡など、潮流の速い海域です。

ごく浅い場所から水深100mを超える日本近海の沿岸部に広く生息するマダイは、東京湾、大阪湾、瀬戸内海など内海だけでなく、東シナ海、太平洋、日本海をメインに、近年では津軽海峡を越え北海道でも釣れるようです。お隣の韓国でも非常に人気が高まっていますし、南半球のオーストラリア、ニュージーランドなどオセアニアでも人気の高い魚です（日本のマダイとは別種のゴウシュウマダイ）。

我が国では慶事ごとにも重宝されるマダイを手軽に釣れるのがタイラバです。いまではタイラバ本体のほか、専用ロッドにリール、ミチイト、リーダーなどの製品開発も盛んです。専門の遊漁船も各地に登場し、年々人気が高まり釣り方、テクニックも多様化しています。

一般的にタイラバは海底まで沈めて一定速度で巻き上げ、マダイが食い付いても「そのまま巻き続ければよい」といわれます。初心者でも比較的容易に実践できるので、船釣り入門としてはうってつけです。この単純な方法で釣れ続けることも多く、初心者がベテランよりも数多く釣りあげることもしばしば見受けられます。これは活性が高いマダイがしっかりタイラバをくわえているときには有効な方法です。しかし、いつもそうとは限りません。隣の人が次々釣っているのに、自分は前回よく釣れた一定速度の巻きで、まったく無反応ということも普通にあります。

マダイの口には犬歯、円錐歯、臼歯が並び、エサに噛《か》み付いて弱らせたり硬い甲殻類を臼歯ですりつぶしたり、環境や季節に合わせて何でも食べられるようになっており、環境適応能力の高い魚です。浮遊物をついばむように食べたり、海底に潜む甲殻類にかぶり付いたり、タコやイカなどの軟体動物、イワシなどの魚を追いかけ回したりと、エサによって捕食方法もさまざまです。タイラバで最も難しく面白いのはこの食性に合わせたタイラバセッティングです。なかでもハリのセッティングが釣果を左右するのは間違いないでしょう。

たとえば真冬の瀬戸内海で水温が10℃程度まで下がったときなどは、比較的水温が安定する中層にマダイが集まり、海苔養殖棚の刈り取り時に流れ出た、ちぎれた海苔をたくさん食べていることがあります。釣りあげたら、エラブタや肛門から海苔がこぼれ出ます。こんな時に前述の一定速での巻きだと、アタリを感じることすらできないことが多々あります。

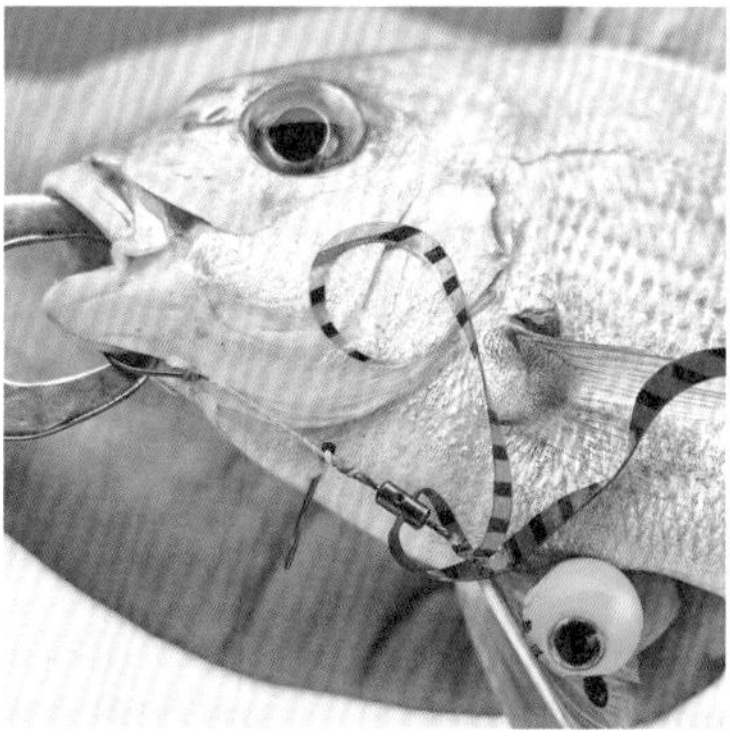

タイラバ。フックセッティングは通常２本のハリで行なう

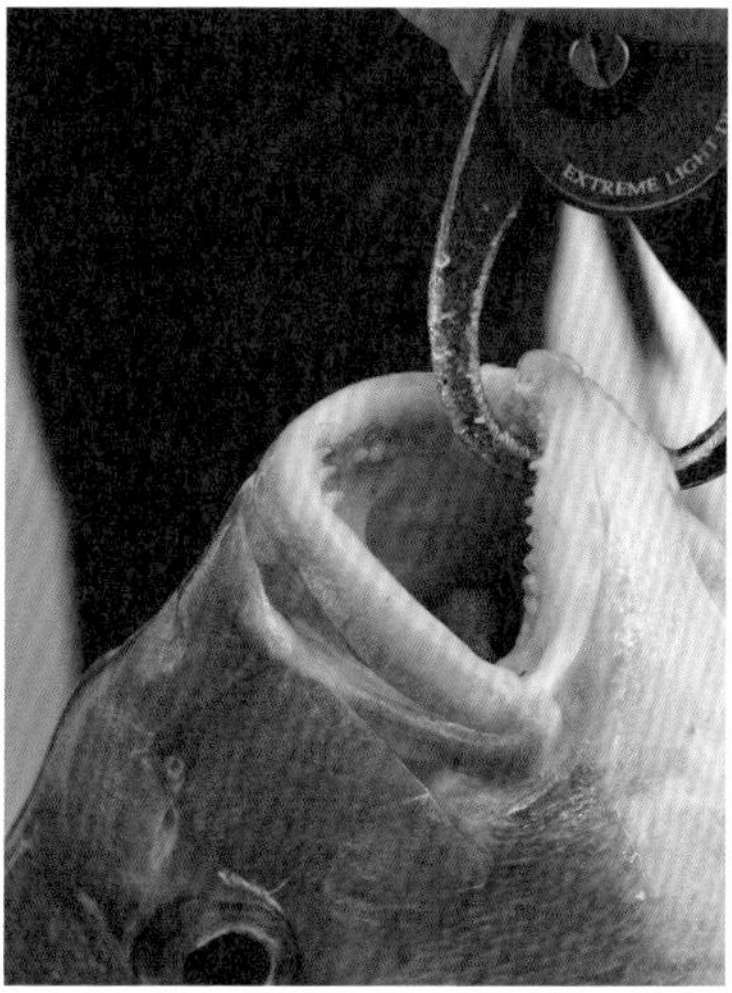

マダイの口。犬歯、円錐歯、臼歯が並び、さまざまなエサに対応できる

フッキングしたマダイは鋭い走りで釣り人を魅了する

タイラバを一定速で巻き上げるこの釣りはビギナーからベテランまで楽しめる

原因は低水温で動きが鈍いためだと推測されます。海苔を捕食しているときは流れてきた海苔をくわえて飲み込むだけで、その場でじっとしていることが多いようです。

タイラバを巻いているとフッと軽くなったり、ちょっと押さえるような重みがかすかに伝わります。神経を集中していないと感じ取れないわずかな変化です。マダイがタイラバをくわえてじっとしているときは、このような感触しか伝わってきません。そのときに一定速で巻き続けるとハリ掛かりせず、外れてしまいます。なんとか釣りあげるには、巻くスピードを緩めたり、思い切って巻くのをやめてピタッと止めます。その後のマダイの動きは，ハリが口の周りに当たり違和感を覚えると首を振ったりハリを外そうとします（実際には口周りに違和感がありエサを噛み直しているのか、吐き出そうとしている行動だと思われます）。

この動きを表現するとコツコツ、クンクンなど、生命感はありますが、躍動感に欠ける伝わり方です。このときマダイは反転していないので、巻き始めるとハリが外れるおそれがあります。尾ビレを振って泳ぎ出すまでじっと辛抱です。その後、ロッドや手元にグングン、ゴンゴン、グーッと重くなるというか明らかに泳ぎ始めた感覚が伝われば、リールを巻き始めたり、ロッドをゆっくりとあおってフッキングさせます。このようなときにはハリ先がストレートポイントの「刺す」タイプのハリが有効な場合が多いものです。

また、活性が高いシーズンで魚群探知機にも魚がたくさん映っているのに、なぜかなかなか食ってこない場合がよくあります。そんなときには巻きスピードに変化を付けると、ガツンと食いついてくることもあります。

船長からタイラバ回収の指示があったとき、速く巻き始めるといきなり食ってくることがあります。「回収ヒット」と呼ばれるケースですが、これを意識的に行なうことで釣果が上がることもあります。見慣れない動きでいきなりマダイの捕食スイッチが入る瞬間です。

このように、遊泳力に優れダイナミックに食い付いてくるマダイは、ハリが外れにくい唇やカンヌキなどにしっかりフッキングさせたいので、ハリ先がカーブしている「掛かる」タイプが有効なときが多いようです。

マダイは同じようなサイズで集団行動することも多くあります。この集団にはそれぞれ役割分担があるようで、行動力がある偵察隊、その群れで最も強いボス、それを取り巻く雄たち、さらにそれを取り巻く雌たちで構成されているといいます。まずエサを見つけると偵察隊が何らかのシグナルを出してボスに知らせたり、時には自ら切り込み隊長となって捕食します。次にボスが一番「おいしい」エサを捕食。周りの取り巻きはボスが満足するまで様子を見ます。ボスが捕食し一段落すると、一気に取り巻きたちが捕食を開始するようです。

これが船上ではダブルヒット、トリプルヒットなどとなり、まさに時合でお祭り騒ぎの状態でしょう。しかし逆に、最初にヒットした人がファイト中にハリが外れてしまうと、そのマダイが危険信号を出して逃げ去るのか、群れも後を追い一気に去ってしまいます。船長が、「魚探にはよい反応があるのに食わなくなった」などと嘆いているときは、こんな状況なのかもしれません。ハリ先が痛んでいるのに気付かず、一番にヒットさせておきながらバラしてしまうと、周りの人のヒットチャンスがなくなってしまうこともあります。船長から「このポイント、この潮の流れで食ってくるよ」などとアドバイスがあったときは、ハリは万全の状態で挑みたいものです。

ハリの使い分けは3章の「刺すハリ」「掛けるハリ」で紹介しましたが、フックリーダー（ハリス）を結んだハリのセッティングに関しては、一般的には2本のハリでセッティングします。段差を付けたり同じ長さの「地獄バリ」セッティングなど、このフックリーダーの長さは千差万別で、100％正解はありません。ただシンカーから4～5㎝以内にハリ先が収まるようにするのが、最も安定していると考えられます。

タイラバで一番安定して動きが少ないパーツがシンカーで、最も動きが大きいのはネクタイの先端やカールしている部分です。マダイがタイラバをエサだと認識しているのなら、動きの少ない部分＝急所と考え、そこにかぶり付きます。そのかぶり付いた部分にハリがあれば、掛かりがよいと考えられます。アタリがあったのにハリ掛かりしなかったときは、タイラバにマダイの噛み跡があるかを確認します。シンカーに歯形があるならフックリーダーを短めに、ネクタイの中間部などに歯形があれば少し長めにするとよいでしょう。

潮流が複雑でハリがネクタイやリーダーに絡んで安定しないときの対処法としては、ハリにトレーラーとして小さなワームやソフトビーズを付けて潮受けをよくし、ネクタイに同調させるとよいでしょう。ワームはタイラバ専用パーツとして市販されていますし、アジングやメバリング用のワームでもＯＫです。

ネクタイ、スカート、ワームなどの装飾品を手軽に交換できるのがタイラバの面白さですが、それらにマッチするハリのセッティングが釣果を大きく左右します。船長や他の釣り人のセッティングを参考にするのも一手です。

オフショアジギング

ジギングの主なターゲットはブリ、ヒラマサ、カンパチの3大青ものに加え、マグロ類、サワラ、ヒラメ、マダイ、ハタ類、さらに近年ではタックルの進化でキンメダイ、クロムツ、アカムツなど深場の魚も対象魚となり、非常に多岐に渡ります。ここでは全体的に少し詳しく解説します。

ねらう場所は大きく分けて2つ。海底に起伏がある場所を差す「天然瀬」と、人工的に魚の付き場となる構造物を設置した「人工魚礁」です。底質は岩、砂利、砂、砂泥などさまざまで、その底質と水深によってターゲットが変化します。このようにねらうポイントによって多彩な魚種をターゲットにできるのもジギングの魅力のひとつでしょう。水深の目安としては20～300mと幅広いですが、タックル（特に低伸度で高強度なPEライン）の進化により、さらに水深のあるポイントでもジギングが成立するようになりました。

●ターゲットの口の形状、大きさ

ジギングのターゲットは、おおむね小魚やイカを主食とする魚食性の強い魚です。また甲殻類などを捕食している雑食性の魚もジギングの対象魚になりえます。

このような食性の魚は一般的には口が大きく、捕らえた獲物を逃さず効率よく捕食行動を行なうために歯も発達しているのが特徴です。その歯の形状と、エラブタの大きさから魚の捕食方法をある程度推測することも可能です。たとえば泳ぎながら吸い込むようにしてエサを捕食する青ものやマグロは口も大きく、エサを吸い込みやすいようにエラブタが発達しており、またエサが口から飛び出さないように歯は細かいヤスリ状になっています。

一方、エサに噛み付いて捕食を行なうサワラ、ヒラメ、タチウオなどはエサの動きを止めるためにノコギリのような鋭い歯の形状をしています。

目線の上方から落ちて来るエサを効率よく発見し、捕食するために上アゴよりも下アゴが発達している魚もいます。ハタ類などの根魚はこの傾向が強いようです。

●ハリ形状と魚への絡み方。フッキングする位置

前記のような魚をねらう場合、小さいハリだとすっぽ抜けてしまうことがあるので、一般的には大きめのハリを使用します。また、ジギングではエサに仕込まれたハリ単体ではなく、メタルジグ本体を標的としてアタックしてくることが多いので、必ずしも魚の口の中にハリが入るとは限りません。そのため、魚がアタックして来た際に口周辺にもフッキングしやすいようにしたほうがキャッチ率も上がります。大きめのハリを使用するのはそのためもあります。つまり、魚の身に対しても掛かりやすい形状のハリを使用することが望ましいのです。

●ルアーへのセット法

メタルジグに対してリーダー側から溶接リング（ジグリング）→スプリットリングの順に取り付けを行ない、この際にアシストフックはスプリットリングを介して接続します。なお、ルアーフィッシングで多く使用されているスナップは、タックルに対しての負荷が大きいジギングでは破損のリスクが高いことから使用しない場合がほとんどです。アシストフックは基本的にメタルジグのフロント（前）側に装着します。ただし、状況や対象魚によってはリア（後）側にも装着したほうが効果的な場合もあるので絶対ではありません。

アシストフックの長さは、使用するメタルジグの全長に合わせるのが一般的です。セット

時の目安としては、メタルジグ全長の1／3ほどの位置にアシストフックが沿うようにするのが標準的な長さです。

水中で動かした際、メタルジグをハリが抱き込んだり、リングに巻き付いたりする場合は、アシストラインを張りのあるタイプや短いタイプに変更するか、ハリのサイズを変更するなどして調整を行ないます。

●釣り方

基本は1回のサオの振り幅に対してリールのハンドルを1回転させる「ワンピッチワンジャーク」です。慣れてくるとこの動きにスピードの遅速や強弱を織り交ぜて変化を付けることができます。この動作を繰り返すことで、逃げ惑う小魚やダメージを受けた瀕死の小魚、無防備状態の小魚などの動きを演出します。ハタ類などナワバリを持つ魚に対しては、テリトリーに侵入する外敵として見せることも可能です。

●アタリの種類

青もののように吸い込み型の捕食行動をする魚は、サオ先が一気に引ったくられるアタリが多く、サワラやヒラメ、マダイなど噛み付き型の捕食を行なう魚ではサオ先と手元に明確にガツガツとしたアタリがくる場合が多いです。またメタルジグが落ちていく際のアタリはイトが止まったり、急に軽くなったりという変化が現われます。どちらにしてもジギングの

青ものをはじめさまざまなフィッシュイーターにアピールするオフショアジギング。近年はよりライトなSLJ（スーパーライトジギング）も人気だ

オフショアジギングは基本的にバーチカル（垂直）の釣り

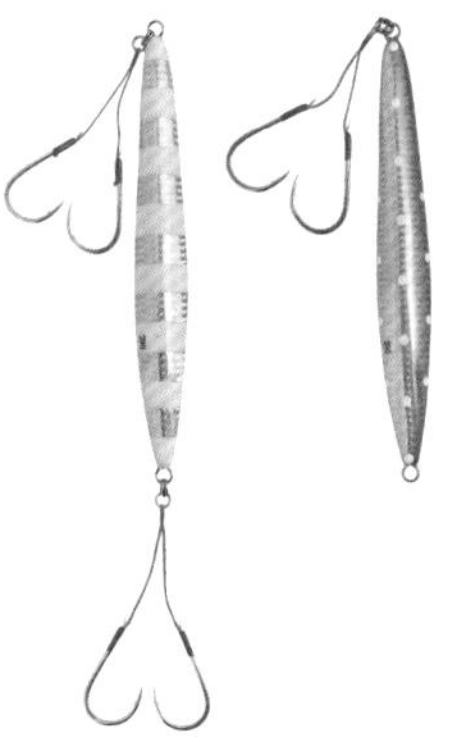

オフショアジギングでは魚の口またはその周辺へのフッキングをねらうため、セットするアシストフックは大きめ。そして基本はフロント側に装着するが、場合によってはリア側にも付ける（右2点、縮小写真）

場合は、サオ先にわずかに現われる変化を察知するというよりも、サオ先ないし手元に明確なアタリが出る場合が多いです。

●アワセのタイミング。アワセの強さ、種類

多くのルアーフィッシング同様、アタリがあれば即アワセが基本です。魚が掛かった後は引きをいなしながら、リールを巻けるときは一気に巻き上げます。ヒラマサ、カンパチ、ハタ類など根に向かって走る習性を持つ魚は、掛かった直後にモタモタしているとあっという間に根に巻かれてラインを切られます。このような魚には海底の根から離すまである程度強引なやり取りが要求されるので、それに負けない軸が太めの強靭なハリが必要になります。

ブリ、サワラ、ヒラメなど海底の根に向かって走ることが少ない魚の場合は、決して焦らず落ち着いたやり取りを心掛けます。時間を掛けさえすれば高確率でキャッチできるので、ハリは強度よりも鋭さや軽さ、掛かりやすさを重視したものを選べばよいでしょう。

青もの（ブリ・ヒラマサ・カンパチ）ショアプラッギング・ショアジギング

近年特に人気急上昇の釣りといえば、陸続きの堤防や磯、沖堤防や沖磯からブリ、ヒラマサ、カンパチなどの青ものをルアーでねらう「ショアプラッギング」「ショアジギング」で

はないでしょうか。人気の理由としては、比較的手軽にアクセスできる堤防や地磯から、ときには体長1mを超える大ものが釣れるロマンがあり、魚の引きも強く食べても美味しいからでしょう。

ショアジギング、ショアプラッギングのポイントは、海底の地形変化による複雑な潮流によってエサとなる小魚が溜まる潮通しのよい場所です。具体的には堤防や半島の先端、島と島の間で潮流に急激な変化がある場所などです。

青ものはエサとなる小魚やイカなどを海水と一緒に吸い込むため、大きく開く口とエラブタを持っています。そして吸い込んだエサが口の外に出てしまわないように無数の小さな歯が口の中に向かって生えています。

青ものねらいのショアプラッギングでは、プラグの前後にトレブルフックやシングルフックを装着し、ショアジギングではメタルジグの前側のアイからシングルやダブルのアシストフックを装着します。エサ釣りのハリはエサの中にハリを埋め込み一体化させるため、魚は捕食の際にハリとエサを一緒に吸い込みますが、トレブルフックやアシストフックの場合、魚は捕食対象のプラグ、メタルジグ本体を吸い込もうとする際に、ルアーの周辺に配置されたハリが口の中、もしくは口周りにハリ掛かりする仕組みになっています。特にトレブルフックは立体的な構造のため魚の口に入りにくく、スレ掛かりの確率が高くなり、エサ釣りと比較して、やり取りの際の身切れによるバラシが多くなります。

ショアプラッギングでは装着するハリの大きさや重さによってルアーの動きが変化してしまうため、ルアーに標準搭載されているフックに近いサイズと重量のハリが求められます。

ショアジギングでは使用するメタルジグの横幅を考え、メタルジグに抱き付かないサイズのアシストフックを使用する必要があります。

前述のように青ものはエサとなる小魚やイカを海水と一緒に吸い込むように捕食するため、アタリはサオ先に一気に負荷が掛かるほど明確に伝わります。ショアジギングの場合はシャクリの動作自体がアワセの一部にもなるため、明確なアタリがあった後に力強く追いアワセをします。ショアプラッギングの場合、特にトップウォータープラグを使用した際にはミスバイトが多いため、アタリがあった後、確実にターゲットの重みがサオ先に乗ってから力強いアワセを行ないます。

ペンシルベイトにヒットしたヒラマサ

ジグにヒットしたブリ

北海道・道央のショアジギング風景。北海道でもショアジギングは近年大人気となっている

7章　バラシはなぜ起きる？

あらゆる釣りで誰もが経験するこの現象は、
どうして起きるのか。対策はあるのか。
また、バーブレスフックはバレやすい？

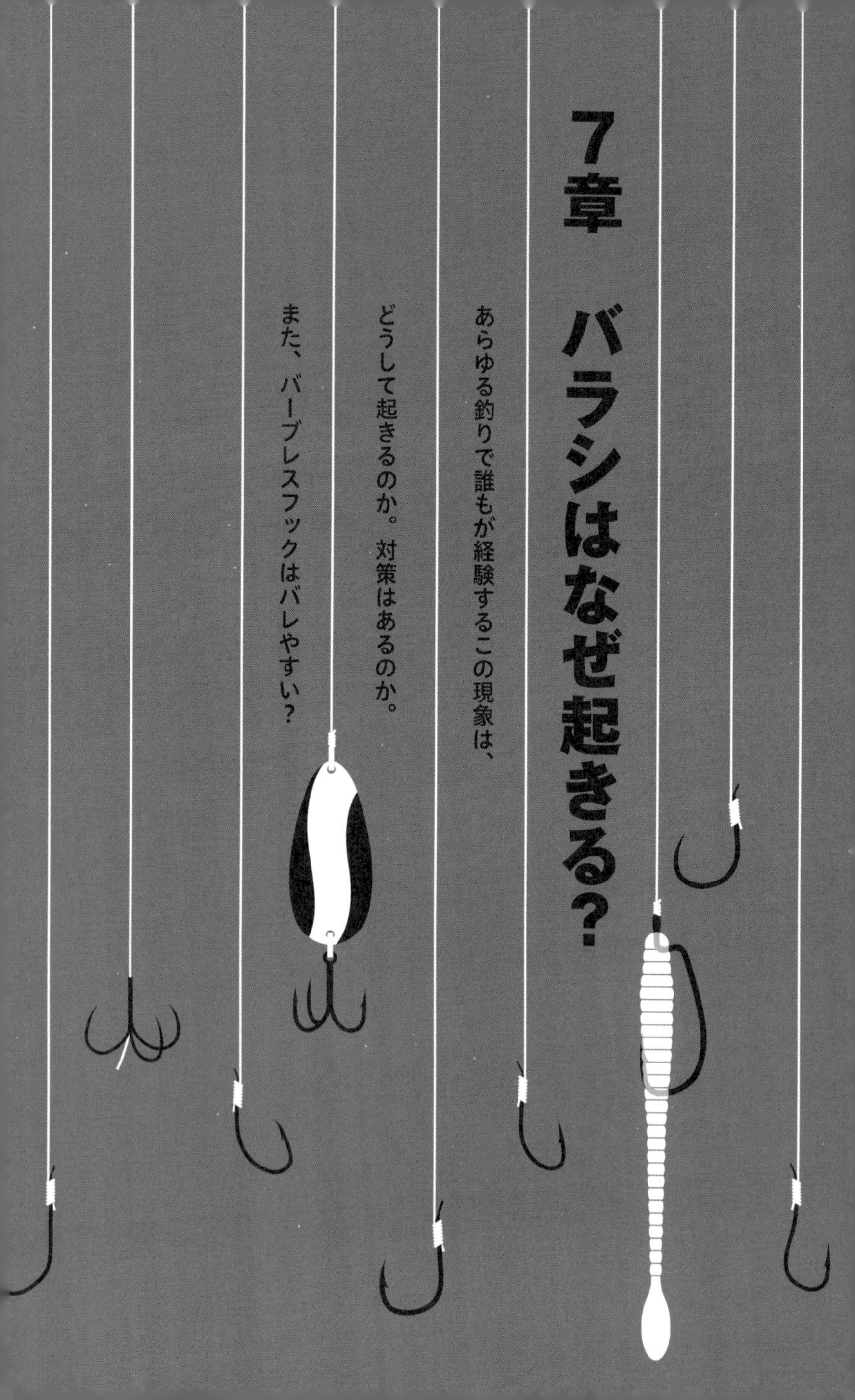

ハリ外れ・身切れの原因

バラシには、鋭い魚の歯や根ズレなどでハリスを切られる場合と、ハリが外れる場合があります。ここでは後者の「ハリ外れ」に関して考察していきます。

「ハリ外れ」にもいろいろなケースがあります。しっかりハリ掛かりしたが身が切れることで起こる場合。一旦刺さったハリが抜けてしまう場合。さらに、フトコロまで刺さり込まずハリ先だけが掛かったとき、そこが骨などの硬い部分だとハリ先が滑ってハリ外れを起こします。またしっかり刺さり込んでおらずハリ先部分に力が掛かっていると、本来の強度の半分くらいの負荷でハリが折れたり伸びて外れることもあります。

アユの友釣りでよく発生するケラレという現象は、ハリ先が野アユに触れても掛からない状態をいいます。ハリ先にウロコだけ掛かって戻ってくる場合もあります。盛夏の渇水時や高水温時、大きく育った野アユの皮やウロコは非常に硬くなります。高知県四万十川の尺アユなどがよい例で、夏以降は甲羅や鎧を着たようになり、釣り人はケラレに悩むのです。こんな〝武装アユ〟を相手にした場合、ハリ先の鋭さがとても大事になるので、頻繁にハリを交換しなければいけません。逆に、水温が低い時期や水量が多い場合、アユが若い時期は、皮もウロコも軟らかく身切れによるバラシが多発します。

ハリを魚体に掛ける友釣りでは身切れですが、ハリを口に掛ける一般的な釣りでは口切れという現象が発生します。口が軟らかいアジやイサキなどはその代表的存在ですが、口中の肉が両者より切れにくいグレでも口中の肉をハリが切り裂いてハリが外れることがあります。とはいえ、ほとんどの場合は口中のどこか硬い部分で身切れが止まるものです。釣りあげたグレの口中を観察すると、ハリでできた傷跡を発見することがあります。

ハリ先角度が大きなハリ、つまりハリ先が開いたハリほど切り裂き傷が多くなります。逆にハリ先角度が小さくハリ先が内向きのハリほど深く刺さり込むので切り裂き傷は少なくなります。ハリを飲まれても問題ない口太グレの場合、サオの弾力さえ常時生かせれば口切れでバラすことはそうそうありません。サオを伸されるほどハリ先に掛かる力が強くなり、口中を切り裂きやすくなります。

サビキ仕掛けでアジを釣っているときにポロポロ外れるのは、ほとんど口切れです。口が軟らかく薄いため、ハリが刺さった部分の穴が一瞬で大きく開きます。またサビキ仕掛けの枝スは短く、アジが暴れると衝撃を吸収できずにハリが外れます。ハリスが長いフカセ仕掛けなどで掛かったアジが外れにくいのは、長いハリスによるクッション性が高いためです。

また掛かったアジが海面を切ってから、よくポロッと落ちるのはアジの重みがダイレクトにハリに伝わり口切れが発生しやすくなるためです。

投げ釣りでねらうキスの口は意外としっかりしており、肉厚なので口切れは少ないです。仕掛け回収中にハリが外れるのは、ハリがカエシまでしっかり刺さり込んでいない場合がほとんどです。また投げ釣りのキスではサオ先にブルブルとアタリが出ますが、この状態はキスがエサを食った瞬間ではなく、エサを食い込みハリの違和感で吐き出そうと首を振って暴れ出したときです。多くの釣りでは魚がエサを食った瞬間に合わせることができればハリ外れなどのバラシは少なくなりますが、それができるのは超高感度のヘラウキで水中の変化をとらえるヘラブナ釣りくらいかもしれません。

ハリの大小でもハリ外れの確率は変化します。ハリが大きいと一般的に線径が太く魚に刺さり込んでいる部分も長く、魚の身をキープできる面積が広いため外れにくくなります。小さく細いハリほどキープ力が小さくなるので身切れ、口切れも増えます。同様に同じサイズ、同じ形状のハリでも線径が細いほど口切れしやすく、さらに平打ちしてあればキープ面積が狭くなり口切れが起こりやすいものです。ただ平打ちはハリの開きに対する強度がアップするので、伸ばされにくくなります。逆に腹打ちのハリはキープ力は高いですが伸ばされやすくなります。

身切れ防止という意味では、ジギングフックに採用されている部分平打ち（がまかつでは

「ウィークポイントプレス」）という加工があります。軸からすぐ下の曲げの部分のみ伸ばされにくい平打ちで、フッキングして魚をキープするフトコロ最深部はキープ力に長けた丸軸という、ハリ断面のいいとこ取りをしたハイブリッド構造です。

平打ち加工・腹打ち加工の特徴

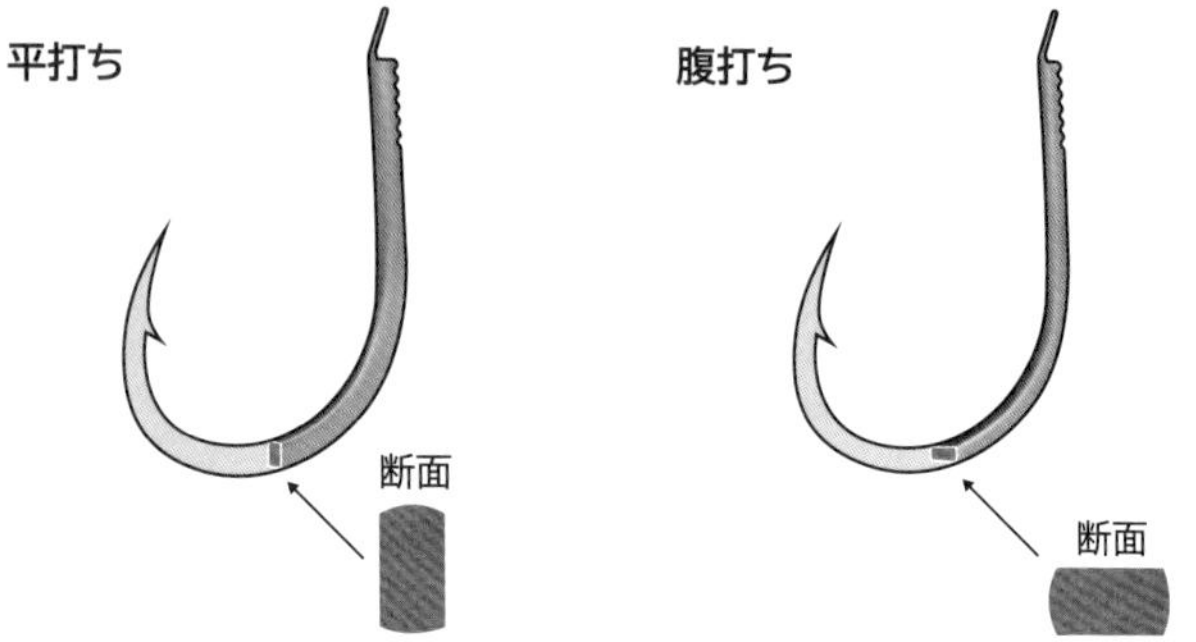

口切れ、身切れは起こりやすいが伸ばされにくい

口切れ、身切れは少なくキープ力は高いが伸ばされやすい

魚の口の構造とフッキングしやすい部位、しにくい部位

「魚の口のどこにハリを掛けたいか？」「どこにハリ掛かりするのが理想か？」と問われれば、「一番バラシが少ない場所」ということになります。それは口の上側センターです。ただし口周りが骨で硬いイシダイ、マダイ、クロダイのような、口の上側にハリ掛かりの難しい魚は

除きます。

口の上側のセンターにハリ掛かりすると、釣り人側の引っ張る力が素直に魚に伝わり、魚の引きが左右にブレることなく魚を引き寄せやすくなります。左右にブレると、それだけ魚体が横を向き、やり取りの際の抵抗が大きくなります。

しかし、どんなハリを使っても意識して口の上側センターに１００％掛けるのは不可能です。そんなハリが開発されれば大ヒット間違いなしなのは、いうまでもありません。

実際には、エサが付いたハリを魚がくわえたとき、ハリは左右どちらか横向きに倒れてしまう場合が多く、口に掛かるのは左右どちらかにズレた位置になることが多いのです。

また多くの魚の口の先端は硬く、カンヌキと呼ばれる口元部分は軟らかくハリが掛かりやすいのです。特に口の大部分が硬い骨で構成されたイシダイでは、ハリ掛かりしやすいカンヌキ部分に掛けるために、魚がエサをくわえて反転しサオが大きく曲がってから合わせます。

口全体が軟らかく口切れが多発するアジなどでは、口奥の硬い部分に掛けるのもバラシを軽減する方法です。たとえばアジングのジグヘッドでいうと、「宵姫ＡＪカスタム」（１０３頁）に採用されているフックは、非常にハリ先角度が大きく、ハリ先が外に開いた形状になっています。「宵姫コブラ」「宵姫ラウンド」など従来のジグヘッドのフックは、ハリ先が内向きで貫通力が重視されていました。しかし考えてみると口が軟らかいアジにはそこまで貫通力

ジグヘッドのアイの高低差

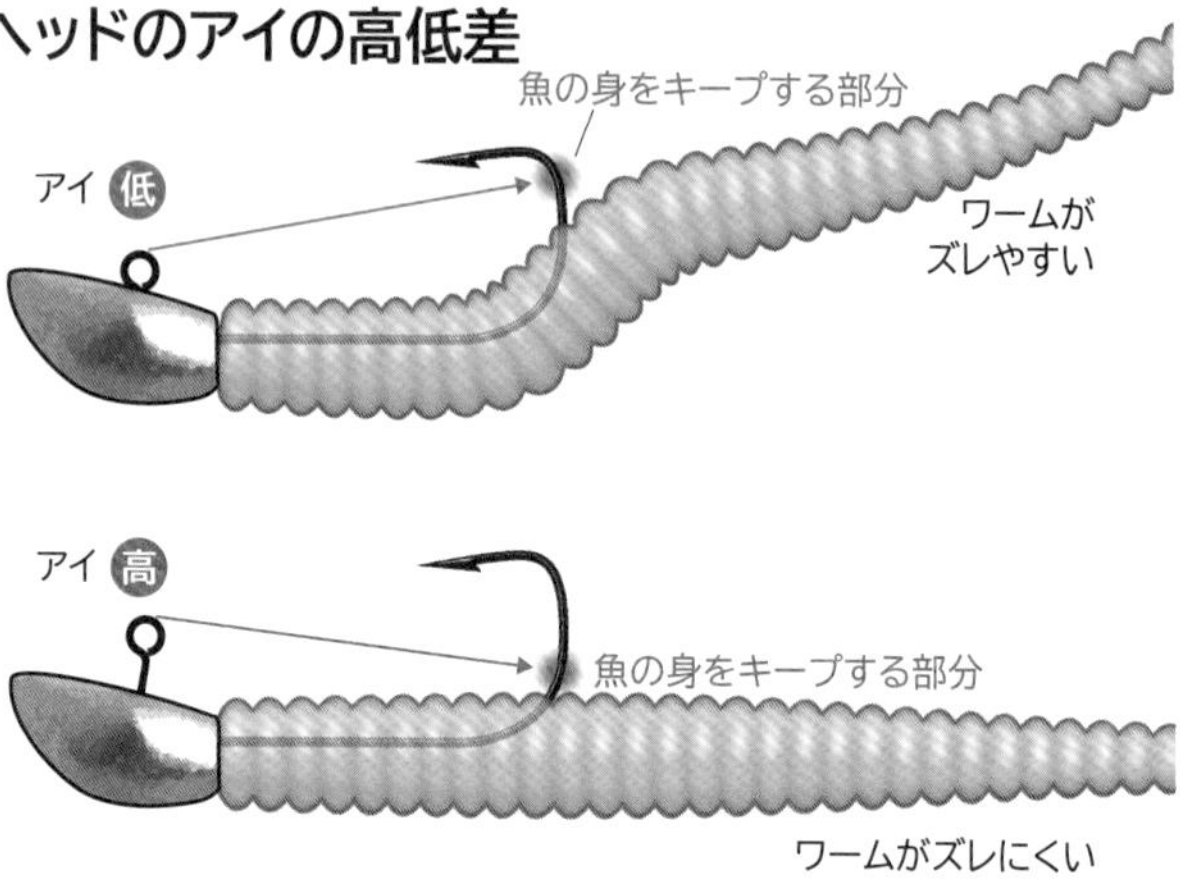

は必要なく、それよりも口奥の硬い部分でハリが掛かるように、アジがワームを吸い込んでもフックが外に出てきにくい形状を求めたのです。ネムリバリとは逆の発想です。

ただ、ハリ先が外側を向いているとハリが開きやすくなるので、アジング用ジグヘッドのなかでもかなり太い線径を採用することで開きに対して強く、口切れも少ないフックになっています。ハリ先が開いていると口の奥に入りにくくなるものですが、アジの口は意外に大きく開き、吸い込む力も強いので問題ありません。このようなハリでキスをねらうのは無理ですが、アジならではのフック形状なのです。

また、アイがヘッド上に長く伸びているのはハリ先角度の調整もありますが、セットするワームをズレにくくする目的もあります。フッキングして魚をキープするのはアイから一番遠い部分なので、アイが低いほど魚をキープする部分はハリ先寄りになり、逆にアイが高いほど軸寄りになります。ワームのズレも、アイから一番遠い部分までズレるので、軸と魚の身をキープする部分の垂直距離が短いほどワームのズレが少なくてすむのです。

スレバリ、バーブレスのハリはバレやすい？

カエシ、モドリがないスレバリ、ルアーやフライフックでいうバーブレスは掛かった魚が外れやすいのでしょうか？

種類でいうとアユバリ、ヘラブナバリのほか、グレ、カワハギ、ハエ（オイカワ）などにもスレバリがあります。ルアー用ではトレブルフックのほか、エリアフィッシングのトラウトに使用するフックなどもバーブレスです。フライフックもバーブレスフックのバリエーションが豊富です。

それぞれのハリにカエシがないのは理由があって、アユの友釣りでは掛かった野アユをオトリとして使用するためダメージを軽減する必要がありますし、非常に細い水中イトを使用するためハリのカエシが水中イトに触れて切れるのを防ぐ目的もあります。ヘラブナ釣りは釣りあげた魚のリリースが前提なので、ハリの外しやすさという意味でのスレバリ、バーブレスです。ルアーやフライフックのバーブレスは、ゲームフィッシングの精神からキャッチアンドリリースを行なう際の魚へのダメージ軽減を目的としたものです。

グレバリでは多少事情が異なり、スレバリ愛好家は少数。スレバリは刺さりのよさ、軽いアワセでも高い貫通力を発揮するアドバンテージがありますが、やはりハリ外れが心配で使わない人も多いようです。

しかしグレ釣りのように長くしなやかなサオ、基本的に伸びのあるナイロンイトを使う釣りでは、魚を掛けてからタモ入れするまでテンションを緩めることなくやり取りすれば、まずハリが外れることはありません。その証拠にハリが外れるのはタモに魚が入った瞬間です。タモ入れと同時にテンションが緩み、ハリが外れることが多いのです。

ヘラブナ釣りも弾力があるサオを使用するので、グレ釣りと同様にハリが外れることは少ないです。

さらにハリが刺さり込むときの傷はスレバリのほうが小さく、傷口が広がりにくいため、テンションさえ掛かっていれば結果的にハリ外れのリスクは軽減されるはずです。要は魚に掛かるテンションを一定に保つこと、そういったタックルバランスを意識すれば、スレバリ、バーブレスフックこそ「バレにくいハリ」ということになるのです。

カエシ、バーブの比較

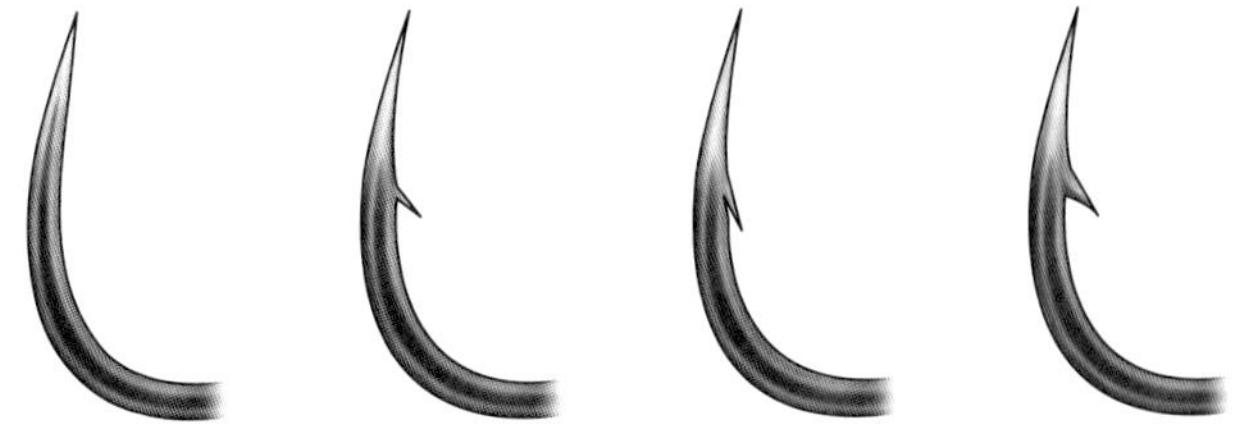

また、スレバリはバレにくい（ハリ先角度が小さくハリ先も長い）形状のものがほとんどであるということも覚えておくとよいでしょう。

ただしカエシはエサ留めの効果も担っているので、釣りものによってはスレバリはおすすめできません。たとえばワカサギ釣りのハリにカエシがないと、エサがすぐに外れてしまい釣りになりません。

結論として、カエシは万能ではないということです。渓流魚など口が硬いサケ科の魚類は、カエシがあるためにしっかり刺さり込まないという現象も起こります。こうした点も踏まえて、両者のよいとこどりである半スレ、マイクロバーブのハリが増えてているのも事実です。最近ではカエシの高さを抑えた「ローアングルバーブ」というハリも登場しています。

8章　釣りバリの色と魚の反応

魚の習性やエサとの関係などから

一部の釣りではハリの色にも注目が集まる。

一方で釣り人側のイメージも大きい!?

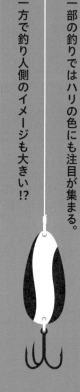

チヌとグレの例

製造段階で成型を経て化学研磨が終わった釣りバリは、線材本来の色であるギラッとした銀色で、そのままだと、あっという間に錆びてしまいます。さらに「魚に違和感を与えるのでは？」という釣り人のイメージ的な問題もあり、防錆効果と装飾効果を備えるためにメッキや着色等の表面処理が施されます。

防錆が必要な要素であるのに対して、着色は魚に警戒心を与えないための加工であるほか、魚種によってはハリを目立たせてアピールするねらいもあります。

たとえばチヌは警戒心が強いだけではなく好奇心も旺盛な魚です。チヌの眼には色を見分ける細胞があるそうです。「オキアミコーンチヌ」という真黄色（チヌイエロー）のハリは、黄色いコーンや黄色い加工オキアミ、黄色い練りエサなどになじむだけではなく、ハリが露出した際もエサ同様に興味を抱かせ食いにつなげるというねらいもあります。

「ファインチヌ」「トーナメントチヌ」といったホワイトカラーのハリも、水中で目立つことを念頭にカラーリングされています。近年チヌはルアーでも盛んにねらわれるので、ハリも目立ったほうがよいのかもしれません。チヌでは金バリも昔と変わらず人気があります。

対してグレは、なぜか赤いものを嫌うそうです。磯で釣っていると沖に沸きグレの群れが出現することがあります。これをねらおうとして赤いウキを付けた仕掛けを投入すると、赤いウキの周囲だけ群れが遠ざかるそうです。ちなみに黄色いウキはまるで平気のようで、ハリとは無関係ですが沸きグレを釣る際は黄色いウキが絶対です。実際にグレが赤い色を嫌うという研究結果もあるそうです。

ただ水中では話が違うようで、寄せエサの赤い配合エサを混ぜたオキアミを嫌うことはありません。「G-HARD V2 セレクトグレ」というハリは、カモフラージュレッドという食わせエサに近い赤茶色をしています。赤色は海中深く光が届かなくなると、色を失い黒っぽく見えるからかもしれません。

グレとエサの関係でいえば、オキアミ登場以前の主要エサは冷凍の湖産エビでした。湖産エビは解凍して時間が経つと飴色に変色します。そのためハリもなじみがよい金色、いわゆる金バリがグレバリの代名詞でした。

エサがオキアミに変わったとはいえ、金バリがそれほどグレに違和感を与えるとは考えにくいのですが、キタマクラなどのエサ取りには猛アピールするようでハリスを噛み切られ、金バリが何本あっても足りません。そういう事情で金色のグレバリ人気が衰えたのではないかと考えられます。

「G-HARD V2 セレクトグレ」。
食わせエサに近いハリカラー

エサの色に合わせた
「オキアミコーンチヌ」

水中でのアピールをねらった
「ファインチヌ」(右)、
「トーナメントチヌ」(左)

ただ、ある年のG杯グレ釣り選手権で優勝した方は、グレの活性が非常に高いときは金色の伊勢尼バリで釣りをするそうです。金色のハリで目立たせることでエサへの食い付きスピードが格段にアップするのだとか。なんと群れの中の大型グレほど飛び付いてくるというから驚きです。

実際のところ、魚からハリが見える・見えない、色を見分けるかというのは魚種によってさまざまでしょう。それ以上に「釣れそうか」「釣れなさそうか」という釣り人側のイメージも大きいようです。

オキアミカラーが生まれた背景

これはある年、がまかつのハリ開発担当者

オキアミカラーを採用した最初のハリ4種。
1994年のデビュー後、今も市販されている

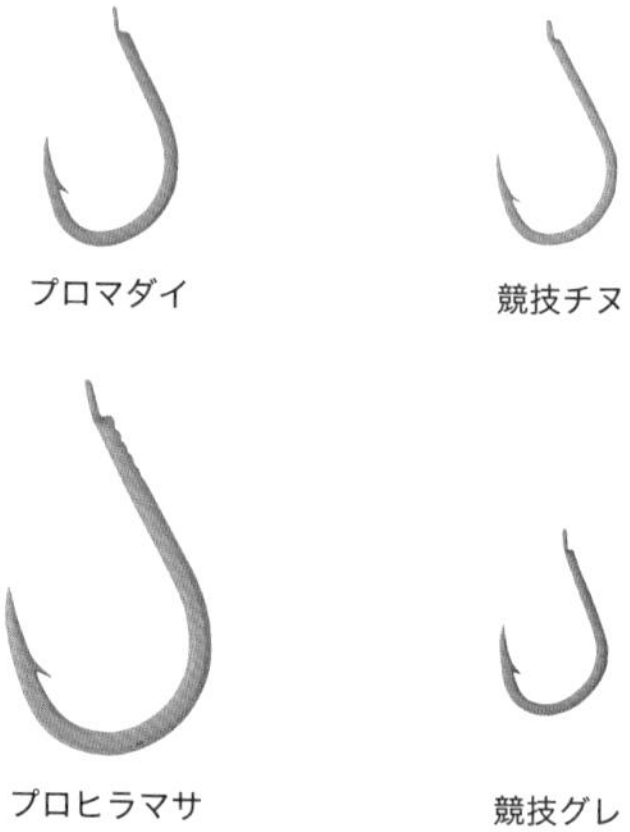

とテスターの松田稔さんが実釣テストに行った際、松田さんが突然、「グレから見えないハリを作ってくれ」と言ったことに端を発するそうです。開発担当者は思わず「えっ、透明のハリですか？」と返事をしたそうですが、そこから話が進み、「それならグレから見えにくい色を付けましょう」ということで開発・製品化されたのが「オキアミカラー」というわけです。

オキアミカラーが採用された最初のハリが「競技チヌ」「競技グレ」「プロヒラマサ」「プロマダイ」の4種でデビューしたのが1994年（平成6年）、そして2021年現在も発売されています。以後、さまざまなハリにオキアミカラーが採用されブームになりました。

実際にオキアミカラーは非常に効果があり、テスト段階であえてタタキ部分をエサの外に出して釣っても食いに影響がなかったそうです。同日、金バリでも同様に試してみたところ、やはりグレの食いがダウンしたそうです。

金、銀、黒、緑のアユバリが消えた理由

友釣りファンの記憶にも薄いかもしれませんが、かつてのアユバリには金、銀、黒というカラーのものが存在しました。それがいつのころか淘汰され、現在ではすべてグレーっぽいカラーになっています。

アユの掛けバリは魚に食わせるハリではありません。オトリアユに突進してきた野アユを掛けるためのハリであり、ハリそのもののアピールは必要ありません。たとえば根巻きイトに赤いものを使うと、オイカワなど他の魚が食い付いてきたりするのと同様、目立つハリはそのルアー効果で他魚の注目を集めてしまいます。また「ギラギラ光るものがオトリの後ろにあると野アユが警戒するのでは?」などという理由で金、銀のアユバリは使われなくなりました。邪魔になる要素はあってもカラーリングすることで釣果が上がることはなかったのです。

そういう意味では、渇水時に黒くなった底石に同化し目立ちにくい黒は一時期人気がありましたが、メッキや塗装をすることでハリ先の鋭さが間違いなく落ちるので、これも触れただけで掛かるアユバリの理想からは外れます。

そして近年主流の、より摩擦抵抗を軽減するフッ素樹脂コート、がまかつでいえば「ナノスムースコート」が表面処理のメインになり、現在のグレーっぽいハリは「ナノスムースコート」そのもののカラーなのです。

9章

「がまかつ」さんに聞いてみた。
釣りバリQ＆A・製作ウラ話

素朴な、あるいは切実な疑問から、
釣りバリメーカーのマル秘ウラ話まで。

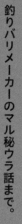

Q　世界一大きなハリは？

A　アメリカでグルーパー（最大3m近くにもなるハタ科の魚）をねらうハリではないでしょうか。28／0で線径9㎜というバケモノのようなフックがありますが、実際のところこれが世界一かどうかは不明です。

ちなみに、がまかつで最大のハリは近々海外向けに発売される16／0で線径約6㎜というカリフォルニア沖のクロマグロ用フックです。国内では以前、がまかつに「クエ（モロコ）」70号というハリがありましたが、現在は40号が最大です。

Q　世界一小さなハリは？

A　がまかつ史上もっとも小さなハリは、カタログには掲載されていませんが「極タナゴ極小」という限定販売のハリです（「極タナゴ」はカタログに載っています）。ハリ先は何と1㎜しかありませんが、カエシもちゃんと付いています。カエシがなくてもよいのなら、もっと小さいものの製造も可能です。

Q　ユニークなハリの例

A　ウナギ釣りでは「地獄バリ」と呼ばれる変わったハリがあります。曲げのない一直線の

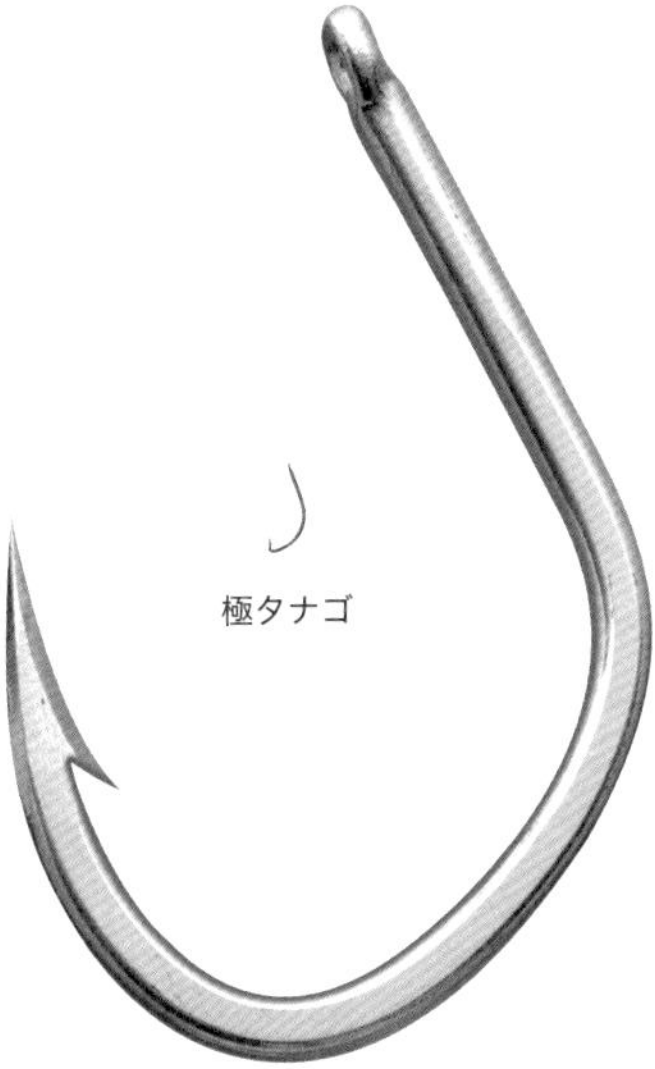

極タナゴ

クエ（モロコ）40号

ハリでハリスがド真ん中に結んであります。ウナギに飲み込ませて引っ張ると、ハリが横を向きハリ掛かりするという仕組みです。

Q　ハリの号数はどうやって決まる？

A　ハリの大きさを表わす号数は魚種によってさまざまで、特に決まりはありません。たとえばグレバリは古くから伊勢尼にほぼ準じているなど、それぞれ魚種用のハリ内ではある程度は統一されていますが、同じ魚種用でも商品によって微妙にサイズが異なります。

日本のエサバリに共通しているのは、だいたいのハリで号数が1号大きくなるとフォルムが7～8％大きくなります。線径も大きくなるごとに7～8％太くなりますが、小さなハリで強度的にそれ以上細くすると、折れや伸びのリスクが高まる可能性がある場合は、号数が小さくなっても同じ線径の線材を使用することもあります。

また線材の規格が決まっているので、ちょうどよい線径の材料がない場合、たとえば理想の線材径よりも太いものしかない場合はハリが重くなりすぎるので、全体のハリサイズをやや小さめに設計して軽くするなどの微調整が行なわれます。

一方、ルアーフックは数字が小さいほどフックサイズが大きくなります。＃2より＃1が大きいのです。しかし、それ以上のサイズになると1／0より2／0と数字が大きくなるほどフックサイズも大きくなります。ややこしいですね。これらは海外の号数表記に準じたものです。

Q　小バリ、大バリ、それぞれのメリットとデメリット

A　同じ形状のハリで同じ魚をねらう場合、小バリと大バリそれぞれのメリット、デメリットを列記してみました。

【小バリ→小さい・線径が細い・軽い】

●メリット

魚が吸い込みやすい。

ゆっくり沈められる。

違和感を与えにくい。

友釣りならオトリへの負担が小さい。

●デメリット

身切れ、スッポ抜けなどハリが外れやすい。

深いタナに仕掛けのなじみが遅い。

流れが速い場所では不安定。

太いハリスが結びにくい。
ハリを外しにくい。

【大バリ→大きい・線径が太い・重い】

●メリット

飲み込まれにくい↓口元に掛かりやすい。歯が鋭い魚ならハリス切れを防ぐ。
深いタナに仕掛けが早くなじむ。
流れが速い場所でも仕掛けが安定。
海底での落ち着きがよい。
身切れを起こしにくくスッポ抜け、ハリ外れが少ない。
太いハリスが結びやすい。
ハリを外しやすい。

●デメリット

魚が吸い込みにくい。
仕掛けをゆっくり沈めにくい。
魚種や釣り方によって違和感が大きい。
友釣りならオトリへの負担が大きい。

などという具合に、小バリ、大バリにはそれぞれメリット、デメリットがあり、そのなかから最適なハリサイズを選んで釣るのが賢い方法です。ただ近年、釣り人が多い釣り場では魚も釣れにくくなっていますので、全体としては小バリ化の傾向にあります。

Q フッ素樹脂コートは万能か

A フッ素樹脂コート、がまかつでいうと「ナノスムースコート」は、摩擦係数が小さく魚に刺さりやすい特徴があり、現在では多くのハリに採用されるようになりました。しかし欠点がないわけではありません。

まずハリスが結びにくいのです。しっかり締め込まないと結び目からすっぽ抜けてしまったり、結んだハリスがタタキの反対側に回ってしまったりします。

ハリの滑りがよいので、当然エサやワームがズレやすくなります。テンション次第では掛かった魚が外れやすくなります。

また、フッ素樹脂コートはそれほど錆に強い表面処理ではないので、未使用の状態でも保管方法によっては錆が出やすくなります。ということで「ナノスムースコート」採用のハリは、毎回の釣りで複数本を交換使用する釣り、たとえばアユの友釣りやグレなどの磯釣りに適しています。

錆のリスクが低い淡水の釣りにも向いています。ルアーにセットするトレブルフックでは、バスなどフレッシュウォーター用は「ナノスムースコート」推奨ですが、ソルト用は「ハイパーシールド」をはじめとした錆に強い表面処理が施されたハリをおすすめします。ただし貫通性能に防錆効果をプラスした「ナノアルファ」という表面処理も登場し、フッ素樹脂コートも日々進化しています。

Q　現代のハリは研ぐ必要はない？

A　研ぐ必要はないというより、研いではいけません。拡大率が非常に高いルーペと高級なヤスリがあり、熟練した研ぎの技術があれば使える状態にはできますが、現場で交換するハリがない場合を除いてザッと簡単に研ぐのは禁物です。一時しのぎにしかなりません。

昔の釣りバリのように浸炭焼き入れ処理されたハリは、研ぐことで表面の硬い部分が削られ、内部の軟らかい部分が露出してハリ先強度が落ちました。現在は内部まで均一に硬くなる焼き入れ処理を行なっているので、研いでもハリ先の硬さは変化しませんが、やはり研ぐことでハリ表面のメッキやコーティングが剥がれてしまいます。よほど念入りに研がないとハリ先も鈍化し、新品同等のハリ先には復元できません。

ハリ先を爪に立ててみて滑るようなら新しいハリに交換してください。

Q　伸びた・曲がったハリを元の形に戻して使っても大丈夫？

A　エサバリやワームフックなどシングルフックの場合は、ハリに掛かる力が2次元的で、さらにハリによっては平打ちするなど伸びにくい加工もあり、伸びること自体あまりありません。一方、シーバス用のプラグなどにセットされるトレブルフックでは、掛かりどころによってハリにさまざまな方向から力が掛かり、フックが開いたり折れたりしてしまうことがあります。

このように一度伸びたトレブルフックをペンチで曲げ戻し、見た目は元どおりになっても、「残留応力」といって伸びたクセがハリに残るので、伸びる前よりも間違いなく強度は低下しています。

そんなフックで釣り続けるとふたたび簡単に伸びるようになります。また何度も曲げ伸ばしするうちに金属疲労が進み、ある時点でポキッと折れてしまいます。表面のメッキも剥がれてしまいます。伸びたハリはすぐ交換、極力使わないのが正解です。

Q　結びはフッキングに関係する？

A　一般的に耳付きのハリを結ぶ場合、ハリスをハリ軸の内側から出るようにするのが正解です。軸の外側から出すとハリ先角度が大きくなりすぎて貫通力がダウンし、魚が掛かってからも外れやすくなります。これはご存じの方も多いと思います。

一方で管付きバリを使用する場合はどうでしょうか。皆さん、サルカンを結ぶように何気なく結んでいませんか。フロロカーボンにしてもナイロンにしても、管にイトを通して結ぶだけだとハリスはハリ軸の真っすぐ上に出ます。これだけならまだしも、魚が掛かったときには、いくらしっかり結んでいても結び目が回転し、ハリスがハリ軸に対して外側に逃げ、耳付きのハリで軸の外側にハリスが出るように結んだのと同じ状態になってしまいます。

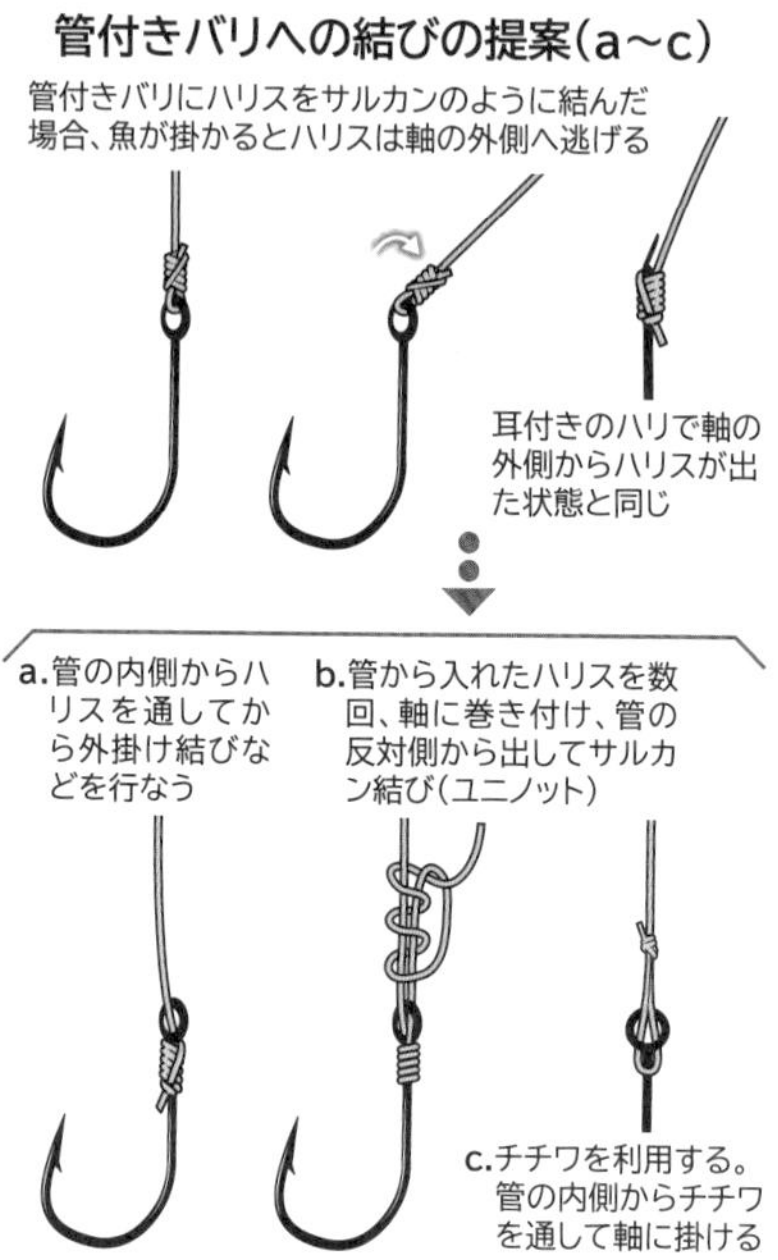
管付きバリへの結びの提案（a～c）
管付きバリにハリスをサルカンのように結んだ場合、魚が掛かるとハリスは軸の外側へ逃げる
耳付きのハリで軸の外側からハリスが出た状態と同じ
a.管の内側からハリスを通してから外掛け結びなどを行なう
b.管から入れたハリスを数回、軸に巻き付け、管の反対側から出してサルカン結び（ユニノット）
c.チチワを利用する。管の内側からチチワを通して軸に掛ける

そこで提案。管付きバリを結ぶ際は、サルカンを結ぶときのようにではなく、フトコロ側からハリスを管に通し軸に数回巻き付け、内掛けや外掛け結びの

ように固定するか、何回か軸に巻いてから端イトの先を、今度は管の内側から外側に出しサルカン結びをすれば結び目が安定します。

場合によってはハリスの先端にチチワを作り、チチワの先をフトコロ側の穴から入れ、ハリ先をくぐらせて引っ張れば、軸の内側からハリスを出すことができます。この方法はチチワ部分のハリスが二重になるので、魚の歯によるハリス切れが懸念される場合に向いているといえるでしょう。

Q　ハリの寿命について〜何年も前のハリを使っても大丈夫?

A　ハリが錆びてボロボロになっていない限り使用可能ですが、一昔、二昔、三昔前のハリとなると、線材、熱処理、表面処理など、あらゆる面で最新のハリには及びません。製品ムラ、均一性といった意味でも現在のハリのほうがよいのは間違いありません。
とはいえ、ラインのように古くなると強度が低下するということはありません。保存状態さえよければハリの性能は維持されるので、「作りたてが最良」ということではないのです。初期性能の低下はなく、それよりも初期性能のポテンシャルの問題ということになります。古いハリほど現在のハリほどの性能はないと覚えておけばよいでしょう。

Q　対象魚は変わらないのに新型のハリができる理由

A　フィッシングプレッシャーや水温変動などの環境変化で、微妙に魚の習性が変化し、それに合わせて新しい釣り方が生まれることにより、同じ魚を釣るハリにも求められる性能が変化します。ですから、どんどん新しいハリがデビューするのです。サオ、リール、ライン、仕掛けの進化、エサの変化なども同様に新しいハリが開発される要因になります。トーナメントの隆盛なども求められるハリに変化を与えます。

Q　テスターからのフィードバックはどのように反映されるか

A　経験豊富なフィールドテスターからは、さまざまな提案を受けることがあります。しかし既存の製品で限りなく近いハリがある場合は開発にストップがかかりますし、市場のニーズを喚起できるかなど、販売戦略的な判断も交えながら製品開発は進められます。

企画立案から製品化までの時間は、ハリによって、またその難易度によってさまざまで、試作から完璧に近いフィールドテストの結果が得られた場合、わずか数ヵ月で製品化に至る場合もありますし、逆に基礎研究も含めて数年かかることもあります。技術的な問題で少量なら製造できても、大量生産できなければ製品化は困難なのです。

Q　万能のハリといえば？

A　これには自信をもって「伊勢尼」といえます。頑丈すぎず弱すぎず、ねらえるターゲットの種類も多く、食い込みのよさ、貫通力もあり非常にハリとしてのバランスが取れています。サイズも1～15号までと幅広く、カラーバリエーションも黒、金、銀と豊富です。グレなどの磯釣りだけでなくジギングのアシストフック、船用の仕掛けなど、もっとも幅広く使われているハリです。海外向けにカープフィッシング用として「G1コンペティション」という名前でも流通しています。

製作ウラ話1　口が硬い魚にご用心

「A1短グレ」というハリがあります。超短軸のため非常に軽量で付けエサがナチュラルに沈下するため、スレた魚にも違和感を与えずグレの食いは抜群によいのですが……。

このハリが商品化された後、アオブダイやイズスミなど口が硬い魚が食った場合に、かなりの確率でバラシの発生が確認されたそうです。仕掛けを回収して分かったのが、ハリスの結び目がズレて曲げの部分まで下りてきていました。超短軸にした結果、ハリがしっかり刺さり込まないとハリ先角度の関係で、そういう現象が起こることが分かったのです。

しかしグレの口元に掛かる率は非常に高く、特に口太グレの場合は、間違いなくしっかりハリ掛かりするので問題ありません。これほどよく釣れるハリはないといい、実際によく売れたハリです。

製作ウラ話2　ところ変われば……

アユのチラシ仕掛け用で「管付チラシ狐型」というハリがあります。実はこのハリ、海外での需要も高いのです。といってもアユ釣りに使用するのではありません。台湾や東南アジアでテナガエビ釣り用として大ヒットしました。

製作ウラ話3　「合わせちゃダメ！」

「Ａ１　あわせちゃダメジナ」は、かつて河津の釣りエサ店・サバルのオーナーだった丹羽正さんのアイデアによって生まれたハリです。

開発担当者が丹羽さんとフィールドテストに出向いた際、ハリ先が極端に内向きのネムリ形状なので「こんなハリで本当に釣れるの？」と、実は開発担当者は半信半疑でした。さらにアタリがあってもまったくハリ掛かりしません。

「こら！　合わせちゃダメだといっただろ！」と丹羽さん。

「う～ん、ついつい合わせちゃうんです」と担当者。

そしてアタリが出てもジッと我慢の担当者。今度は向こうアワセできっちり尾長グレの口元に掛かっていました。ハリス2号で50cmオーバーの尾長グレが取れたのでした。めでたしめでたし！

製作ウラ話4　ひょうたんから駒!?　なネーミング

「A1　あわせちゃダメジナ」の命名者はもちろん丹羽さんです。さらに「A1　TKO」も丹羽さんの命名。マダイ、タイのT、口太グレのK、尾長グレのOです。グレバリ唯一のヒネリ入りのハリ「A1　ひねくれグレ」も発想からネーミングまで丹羽さんです。

アユのハリで「あ〜だ」「こ〜だ」という製品がかつてありました。ご推察どおり企画会

管付チラシ狐型

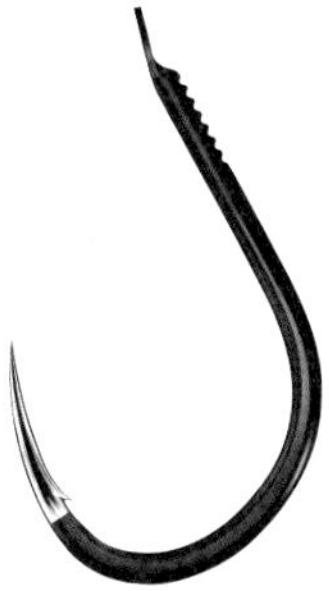

A1 ひねくれグレ（拡大写真）

議で「あ〜だ、こ〜だ」と議論してなかなか名前が決まらず、それなら「あーだ」と「こーだ」を商品名にしようということで、そのまま採用されました。

製作ウラ話5　ナイフエッジは切れすぎる！

がまかつ前会長、藤井繁克さんといえば伝説的な釣り人の一人。また、何十年にもわたるロングセラー商品を生み出したアイデアマンでもあります。そんな前会長の鶴の一声で試作したアユバリは、まさに「切れすぎる」ハリでした。

ある日、開発担当者が呼び出されます。「ナイフエッジのアユバリを試作してくれ」と指令を受けます。そこで担当者は顕微鏡をのぞきながらアユバリの内側を削りナイフのような刃を付けました。いざ実釣！　ところがっ！　掛けバリが水中イトに絡んでオトリアユが曲がった状態をアユ釣りでは「エビ」といいます。そのエビで事件は起きました。オトリがエビになるたび、その瞬間に水中イトがスッと切れてしまいます。当然オトリをなくします。ナイフエッジのハリ内側に掛かった水中イトがナイフの刃にスレて切れてしまうのです。たしかに抜群の刺さり込みが期待できる斬新な発想です。しかし、これではアユが掛かったとしても身を切り裂き、血管も切り裂き、野アユは血まみれ。次のオトリに使えません。もちろん製品になることはありませんでした。

また前会長のアイデアで50本チラシという延縄のような仕掛けを作ったこともあります。あっという間に1尾が掛かります。そのとき事件が。野アユが1尾掛かると仕掛けはぐちゃぐちゃになってしまいます。

ハリ開発は釣り人の思い付きがすべて。可能性があれば、すぐに試作するのががまかつ。四六時中、釣りのことばかり考えている集団だからこそ数々の名作が生まれたのです。そして、時にこんな失敗も繰り返しながらよい製品ができるのでしょう。

終わりに
今後、新しいフォルムのハリ、画期的なハリは生まれるか？

超細軸、超軽量なのに強度抜群のハリができたらすごいでしょうね。絶対錆びないハリもほしいところですし、超強度のある樹脂やガラスでハリが作れたら見えないハリも実現できるかも……。材料的な大革命が起これば、実現するかもしれません。

ハリのフォルムに関しては日々研究開発が行なわれているので、今までにないハリができる可能性は大いにあります。

釣《つ》りバリ（歴史《れきし》・種類《しゅるい》・素材《そざい》・技術《ぎじゅつ》）のひみつ

2021年8月1日発行

編　者　つり人社書籍編集部
発行者　山根和明
発行所　株式会社つり人社

〒101-8408　東京都千代田区神田神保町1-30-13
TEL 03-3294-0781（営業部）
TEL 03-3294-0766（編集部）
印刷・製本　図書印刷株式会社

乱丁、落丁などありましたらお取り替えいたします。

ISBN978-4-86447-372-9 C2075
つり人社ホームページ　https://tsuribito.co.jp/
つり人オンライン　https://web.tsuribito.co.jp/
釣り人道具店　http://tsuribito-dougu.com/
つり人チャンネル（You Tube）
https://www.youtube.com/channel/UCOsyeHNb_Y2VOHqEiV-6dGQ